中等职业教育“十四五”规划教材
职业教育课程改革规划创新教材

税费的计算与智能申报

龚渝 潘誉 主编

中国石化出版社
HTTP://WWW.SINOPEC-PRESS.COM
中国经济出版社
CHINA ECONOMIC PUBLISHING HOUSE

内 容 提 要

本书以常见、常考的四大税种（增值税、消费税、企业所得税和个人所得税）为主要载体，分为六大项目，项目一了解税收，主要讲解税收分类、领购发票等基础信息。项目二到项目五分别讲解认识四大税种，核算四大税种，填制四大税种的纳税申报表以及网上智能申报流程。项目六主要讲解一些常见的税种如关税、城市维护建设税、教育费附加、印花税等的计算与智能申报。

本书可作为职业院校财经类专业的基础课教材，也可作为其他专业的选修课教材及行业岗位培训或自学用书。

图书在版编目(CIP)数据

税费的计算与智能申报／龚渝，潘誉主编. —北京：中国石化出版社，2023.11

ISBN 978-7-5114-7335-6

Ⅰ.①税… Ⅱ.①龚… ②潘… Ⅲ.①税费-计算②纳税-税收管理 Ⅳ.①F810.423②F812.42

中国国家版本馆 CIP 数据核字(2023)第 211680 号

中国石化出版社出版发行

地址：北京市东城区安定门外大街 58 号

邮编：100011　电话：(010)57512500

发行部电话：(010)57512575

http://www.sinopec-press.com

E-mail:press@sinopec.com

北京富泰印刷有限责任公司印刷

全国各地新华书店经销

*

787 毫米×1092 毫米 16 开本 12.75 印张 314 千字

2023 年 12 月第 1 版　2023 年 12 月第 1 次印刷

定价：39.00 元

《税费的计算与智能申报》
编委会

主　编：龚　渝　潘　誉

副主编：张　链　杨显彩　王　森　葛秀峰　肖清清

PREFACE 前言

党的二十大报告指出："统筹职业教育、高等教育、继续教育协同创新，推进职普融通、产教融合、科教融汇，优化职业教育类型定位。"为推进新时代职业教育改革发展指明了方向，极大地增强了全社会对职业教育发展前景的信心和动力。为适应中等职业学校"三教"改革，更好地开展中等职业学校财经商贸类纳税事务、会计事务等方向关于"税费的计算与缴纳"的课程教学，我们参照教育部最新颁发的专业介绍、课程内容，组织编写了本教材。

本教材以小型企业实际税务计算与申报为基础，以工作流程为导向，注重贴近实际工作岗位，解决实际问题。根据实际工作中各个税种的计算以及登录纳税系统进行一键申报，全面培养学生的职业工作能力，为社会培养应用型、技能型人才。

本书在编写过程中主要体现了以下3个特点：

1. 知识框架新颖，符合工作流程。本教材贯穿税财一体编写思想，结合实际工作流程，独创知、技、训一体，从税制认识、税费实训、技能填制到一键申报、综合实践，不仅将理论知识与实践相结合，还符合实际工作中会计岗位需求，学生可实现零距离上岗。教材从导航引入，根据导航案例进行实训讲解，根据实训的计算结果进行税务报表的填制，然后进行纳税申报，最后学生还可进行综合实训，对所学知识进行巩固和练习。

2. 内容全面简洁，符合中职学情。在教材设计中，包括了税收基础知识和常见税种，基本涵盖了实际工作中应掌握的税务办理事项，又对各税种计算和纳税申报表进行精练、简洁的讲解，知识和技能点既全面又重难点突出，适合中等职业学生。

3. 依据新专课标，提升职业道德。依据培养德智体美劳全面发展的技术技能型财税服务人才培养目标，教材内容设计注重会计职业道德熏陶，活动安排聚焦提升精益求精的工匠精神。本书着重培养学生计税、报税的税务技能以及依法缴税的职业道德精神，培养不偷税漏税的纳税意识，养成及时、足额纳税的品质。

本书主编为龚渝、潘誉，副主编为张链、杨显彩、王森、葛秀峰、肖清清。具体分工如下，框架结构由龚渝、潘誉和肖清清老师协同完成；项目一由葛秀峰老师编写；项目二由龚渝、肖清清、潘誉老师编写；项目三由张链老师编写；项目四由杨显彩老师编写；项目五由潘誉老师编写；项目六由王森老师编写。

特别说明，教材中出现的公司名称、纳税识别号、银行账号、地址、员工人名、员工身份证号码等均为虚构，如有冒犯敬请谅解。

CONTENTS 目录

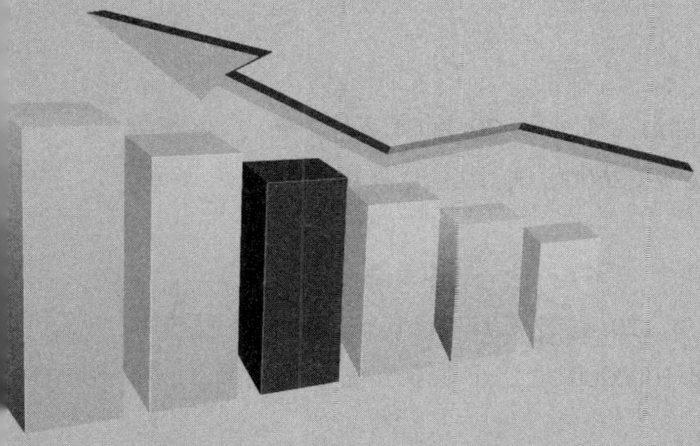

项目一 了解税收

学习目标

1. 了解我国税收种类。
2. 理解税收的构成要素。
3. 掌握涉税事项的办理及发票的管理。
4. 了解税费的计算、填列以及申报。
5. 养成纳税光荣、合规守法的意识。

情境导航

A 市兴业卷烟有限公司，为一家地处沙坪坝的卷烟公司，电话 023-41526372，为增值税一般纳税人，纳税识别号 91440100113494583X。该公司主要业务经营范围：卷烟生产、卷烟加工、卷烟销售。企业主要生产产品：黄河牌香烟、红叶牌香烟。主要原材料为烟丝。2023 年 11 月，A 市兴业卷烟有限公司发生了以下业务，通过下列业务思考一个单位常规缴纳的税种有哪些。

(1) 11 月 01 日，销售给沙坪坝烟草专卖局 120 箱黄河牌香烟，每箱不含税价格 55000.00 元，50 箱红叶牌香烟，每箱不含税价格 1000000 元，开具增值税专用发票。

(2) 11 月 07 日，企业委托云南红塔集团购买烟丝 50 吨，每吨不含税价格 4000000 元，取得增值税专用发票。

(3) 11 月 09 日，销售给广东省烟草专卖局 180 箱黄河牌香烟，每箱不含税价格 55000.00 元，80 箱红叶牌香烟，每箱不含税价格 1000000 元，开具增值税专用发票。

(4) 11 月 10 日，用银行存款缴纳期初未缴消费税 235000 元。

(5) 11 月 12 日，向烟农购买烟叶 20 吨，每吨 1200 元，开具农产品收购发票。

(6) 11 月 15 日，向烟农购买烟叶 20 吨，每吨 1200 元，开具统一收购发票，同时支付不含税运输费4000元，填制材料验收入库单。

(7) 11月17日，给渝北区华美贸易有限公司加工雪茄烟20箱(4万支/箱)，委托方提供材料成本每箱20000.00元，收取加工费及税费226000.00元，开具增值税专用发票，该雪茄烟在国内无同类产品。

(8) 11月23日，企业使用1箱黄河牌香烟用于业务招待，开具内部使用凭证。

(9) 11月23日，销售给山东省烟草专卖局170箱黄河牌香烟，每箱不含税价格55000.00元，70箱红叶牌香烟，每箱不含税价格1000000元，开具增值税专用发票。

模块一　背景知识——税制认知

知识目标	技能目标	素质目标
1. 理解税收的概念及特征。 2. 了解税收的作用和分类。 3. 理解税收的构成要素。 4. 明确涉税事项办理流程。 5. 了解发票管理规定。	1. 能区分税收的不同特征。 2. 能正确进行税收的分类。 3. 会进行涉税事项的办理。 4. 能够进行企业发票的管理。	1. 树立守法观念，形成依法纳税的意识。 2. 理解税收的意义，养成纳税光荣的意识。

任务一　税收的基本知识

一、税收的概念及特征

(一) 税收的概念

税收是国家为了实现其职能的需要，凭借政治权力，依法强制地、无偿地取得财政收入的一种形式。

(二) 税收的特征

1. 强制性

税收具有强制性，体现在两个方面，一方面税收分配关系的建立具有强制性，即税收征收完全是凭借国家拥有的政治权力；另一方面是税收的征收过程具有强制性，即如果出现了税务违法行为，国家可以依法进行处罚。

2. 无偿性

税收具有无偿性，所谓无偿性，指的是国家征收税款后将作为国家所有，不再直接归还给纳税人。但是税收会通过政府提供的公共产品等方式用于纳税人身上，也体现出了取之于民、用之于民的本质。

3. 固定性

税收的固定性是指税收是按照国家法令规定的标准征收的，即纳税人、课税对象、税目、税率、计价办法和期限等，都是税收法令预先规定了的，固定性表现为对征纳双方的约束力、课税对象的连续性、收入的稳定性、征纳的规范性等方面。

二、税收的作用

（一）税收可以实现财政收入

统计数据显示，中国税收在国家的财政收入中占据了很大的比重，在国家公共财政预算收入中占据了重要的地位。这也是很多国家的情况，包括发达国家和发展中国家。税收的收入相对稳定，因此税收收入可以预估和规划，给国家财政预算的编制和执行提供基础。这种收入来源也是相对稳定和可靠的，不会受到短期经济波动的影响。

（二）税收可以调控经济运行

经济决定税收，税收反作用于经济。国家对于经济的发展不能依靠命令进行控制，而是需要通过税收的调节作用来实现。税收可以为社会经济的发展指明方向。国家为了实现产业的调整，可以通过税收来实现。对于国家希望淘汰的产业或者产品，可以制定比较重的税率；而对于国家鼓励的行业，国家可以在税收上给予各种优惠政策。这样随着时间的推移，国家就可以完成产业调整以及产品结构的调整了。

（三）税收可以调节收入分配

总体来说，税收作为国家参与国民收入分配最主要、最规范的形式，能够规范政府、企业和个人之间的分配关系。不同的税种，在分配领域发挥着不同的作用。如个人所得税实行超额累进税率，具有高收入者适用高税率、低收入者适用低税率或不征税的特点，有助于调节个人收入分配，促进社会公平。

（四）税收可以监督经济活动

国家在征收税款过程中，一方面要查明情况，正确计算并征收税款；另一方面又能发现纳税人在生产经营过程中，或是在缴纳税款过程中存在的问题。国家税务机关对征税过程中发现的问题，可以采取措施纠正，也可以通知纳税人或政府有关部门及时解决。

三、税收的种类

（一）按征税对象不同

可以分为流转税、所得税、财产税、资源税、行为税。

（1）流转税，是指在生产、流通和服务领域中，以销售商品或提供劳务而取得的销售收入额为征税对象的税收，主要包括增值税、消费税和关税。

（2）所得税是指以各种所得额为征税对象的税收，如个人所得税和企业所得税。

（3）资源税是以各种应税自然资源为征税对象、为了调节资源级差收入并体现国有资源有偿使用而征收的一种税。

（4）财产和行为税包括房地产税、车船税、印花税、契税。财产和行为税是指以纳税人拥有的财产数量或财产价值为征税对象，或是为了实现某种特定的目的，以纳税人的某些特定行为为征税对象的税。

（二）按计税依据不同

税收可以分为从量税和从价税。

（1）从量税是指以征税对象的自然计量单位(重量、面积、件数等)为依据，按固定税额计征的税收，如城镇土地使用税。

（2）从价税是指以征税对象的价值量为依据，按一定比例计征的税收。从价税实行比例税率和累进税率，如增值税。

（三）按税收与价格关系不同

税收可分为价内税和价外税。

（1）价内税是指税款包含在应税商品价格内，作为商品价格组成部分的税收，如消费税、关税等。

（2）价外税是指税款独立于商品价格之外，不作为商品价格的组成部分，如增值税。

（四）根据税收的征收管理权和收入支配权不同

可分为中央税、地方税和中央地方共享税。

（1）中央税是指由中央政府征收和管理使用或由地方政府征收后全部划归中央政府所有并支配使用的税收，如关税。

（2）地方税是指由地方政府征收和管理使用的税收，如财产税。

（3）中央与地方共享税是指税收的管理权和使用权属中央政府和地方政府共同拥有的税收，如增值税、资源税等。

（五）按税收负担是否转嫁

可分为直接税与间接税。

（1）直接税是指税负不易转嫁，纳税主体直接承担税负的税收，即纳税人与负税人为同一人，如企业所得税。

（2）间接税是指纳税主体通过一定方式，将缴纳税收的部分或全部转嫁给他人负担的税收，如增值税、关税等。

四、税收的要素

（一）征税人

征税人是指在税收法律关系中行使税收征管权，依法进行税款征收行为的一方当事人，主要指各级税务机关和其他征税机关。

（二）纳税义务人

纳税义务人是指依法直接负有纳税义务的自然人、法人和其他组织。

（三）征税对象

征税对象又叫课税对象、征税客体，是指税法规定的对什么征税，是征纳税双方权利义务共同指向的客体或标的物，是区别一种税与另一种税的重要标志。如消费税的征税对象是消费税条例所列举的应税消费品征税客体。

（四）税目

税目是征税对象的具体化，它规定了一个税种的课税范围，反映了课税的广度。由于同一税目通常适用同一税率，因此，它是适用税率的重要依据。

（五）税率

税率是计算税额的尺度，是衡量税负轻重与否的重要标志，反映了征税的深度，是税收法律制度中的核心要素。

（1）比例税率，是指不分税目数额，只适用一个百分点的税率。它是最广泛使用和最常见的税率，一般适用于流转税。

（2）固定税率是一种特殊税率的形式。它不是按照征税对象的比例来征收的，而是按照征税对象的计量单位来征收的，所以也叫固定税。它一般适用于定量征收的税种。

（3）累进税率因计算方法和依据不同，主要分为全率累进税率、超率累进税率、超额累进税率和全额累进税率。

（六）纳税环节

纳税环节指征税对象在从生产到消费的流转过程中应当缴纳税款的环节，如生产、批发、零售、进出口、收入取得、费用支出等各个环节。

（七）纳税期限

纳税人的纳税义务发生后应依法缴纳税款的期限，包括按期纳税，按次纳税，按期预缴、年终汇算清缴。

（八）纳税地点

纳税地点是根据各个税种纳税对象的纳税环节和有利于对税款的源泉控制而规定的纳税人具体申报缴纳税收的场所，也是纳税要素中的重要部分。纳税地点一般为纳税人的住所地，也有规定在营业地、财产所在地或特定行为发生地的。

（九）减税免税

简称“减免税”，减税是从应征税款中减征部分税款。免税是免征全部税款。实行减免税是对某些纳税人或征税对象的鼓励或照顾措施，是对税率的调整和补充。减免税主要有三种基本形式，即税基式减免、税率式减免、税额式减免。

【拓展任务 1–1】

1. 下列各项中，属于税收特征的有(　　)。

A. 强制性　　B. 灵活性　　C. 无偿性　　D. 固定性

2. 下列各项中，属于中央地方共享税的是(　　)。

A. 增值税　　B. 契税　　C. 土地增值税　　D. 城市维护建设税

3. 以下属于行为税的是(　　)。

A. 资源税　　B. 印花税　　C. 消费税　　D. 土地增值税

任务二　涉税事项的办理

一、设立税务登记

（一）业务规定

企业在外地设立的分支机构和从事生产、经营的场所，个体工商户和从事生产、经营的事业单位(以下统称从事生产、经营的纳税人)自领取营业执照之日起30日内，持有关证件，向主管税务机关申报办理税务登记。税务机关应当自收到申报之日起30日内审核并发给税务登记证件。主管税务机关一般是指机构所在地或生产经营地的县一级国税机关。

除国家机关、个人(自然人)和无固定生产、经营场所的流动性农村小商贩外，纳税人都应当申报办理税务登记。国家机关所属事业单位有经营行为、取得应税收入、财产、所得的，也应当办理税务登记。纳税人应填写《税务登记表》，向税务机关提交相关资料，申请办理税务登记。

纳税人申请网上税务设立登记时，无法确定主管税务机关的，可以向省级以下税务机关咨询。

（二）纳税人需提交的资料

（1）《税务登记表》一式两份；

（2）按附表《办理设立税务登记应提供的资料和证件清单》提供与设立登记相关的资料和证件。

（三）业务流程

（1）纳税人自领取营业执照之日起30日内，持有关证件，向所在地税务机关申报办理税务登记。

（2）税务机关应当自收到申报之日起30日内审核并发给税务登记证件。税务机关需要对相关情况进行调查的，可下户进行调查。

（3）未按规定办理税务登记的，由税务机关责令限期改正，可以处2千元以下的罚款；情节严重的处2千元以上1万元以下的罚款。

（4）纳税人办理税务登记后，需要领购发票的，在领购发票前应办理发票票种核定等手续。网上税务登记有效期为30日。即纳税人提交税务登记信息后，如30日内仍未到税务登记部门审核登记资料等手续的，则税务登记内容不予保留，网上登记行为自动失效。

二、变更税务登记

（一）业务规定

纳税人已在工商行政管理机关办理变更登记的，应当自工商行政管理机关变更登记之日起30日内，持有关证件向原税务登记机关申报办理变更税务登记；纳税人按照规定不需要在工商行政管理机关办理变更登记，或者其变更登记的内容与工商登记内容无关的，应当自税务登记内容实际发生变化之日起30日内，或者自有关机关批准或者宣布变更之日起30日内，持有关证件到原税务登记机关申报办理变更税务登记。

（二）纳税人需提交的资料

（1）《变更税务登记表》一式两份；

（2）工商营业执照副本（或其他执业证件、有关部门批准设立文件）及工商变更登记表（或工商变更登记核准通知书）复印件（变更税务登记内容与工商行政管理部门或其他执业证件、有关部门登记内容无关的除外）；

（3）地税税务登记证正、副本；

（4）变更法人（负责人或业主）的，提供居民身份证、护照（或户口簿、临时身份证；港、澳、台人士往来大陆通行证）复印件；

（5）变更合伙人、投资者，提供章程、资产转让合同或协议、股权转让合同或协议、新合伙人或投资者身份证件文件复印件，自然人股东股权转让还须提供完税证明或免税、不征税证明；如投资者为企业的，则需提供地方税务登记证副本（非居民企业投资者须提供相关文件）复印件；

（6）变更注册资本的，提供章程、协议复印件；

（7）变更组织机构统一代码的，提供组织机构代码证副本复印件；

（8）变更税务登记内容与工商行政管理部门或其他执业证件、有关部门登记内容无关的应提交纳税人变更登记内容的决议及有关证明、资料。

（三）业务流程

（1）申请。纳税人税务登记项目发生变更时，在发生变更后30日内，到主管税务机关税务登记管理岗位领取填写和提交相关申请资料。

（2）受理。税务登记管理岗位审阅纳税人填报的表格是否符合要求，附送的资料是否齐全，符合条件的，予以受理。

（3）审核。对纳税人报送的变更登记表及附列资料进行核对，检查填写内容是否准确，有无漏缺项目；对变更法人代表的，利用法定代表人居民身份证号码进行审核比对，检查是否有在案的未履行纳税义务的记录。

（4）证件制作、发放。税务机关应当自受理之日起30日内，审核办理变更税务登记。纳税人税务登记表和税务登记证中的内容都发生变更的，税务机关按变更后的内容重新核发税务登记证件；纳税人税务登记表的内容发生变更而税务登记证中的内容未发生变更的，税务机关不重新核发税务登记证件。

三、停业登记

（一）业务规定

实行定期定额征收方式的个体工商户需要停业的，应当在停业前向税务机关申报办理停业登记。纳税人在申报办理停业登记时，应如实填写停业登记表，说明停业理由、停业期限、停业前的纳税情况和发票的领、用、存情况，并结清应纳税款、滞纳金、罚款。税务机关应收存其税务登记证件及副本、发票领购簿、未使用完的发票和其他税务证件。

（二）纳税人需提交的资料

（1）《停业登记备案表》；

(2) 税务登记证(正、副本);

(3) 发票领购簿(领购地税发票的业户提供);

(4)《发票缴销验销登记表》一式两份(领购地税发票的业户提供)。

(三) 业务流程

(1) 提出停业登记申请。纳税人应在规定的期限内向主管税务机关提交停业申请书。工作人员初审后发给《停业登记申请表》。

(2) 填报《停业登记申请表》。纳税人领取《停业登记申请表》后，应如实填写，并报主管税务机关审核。

(3) 结清税务事项。纳税人在报送《停业登记申请表》的同时，应缴清税款，缴销发票，交回有关税务证件(如税务登记证正、副本，发票领购簿等)。

(4) 领取核准停业通知书。主管税务机关接到纳税人报送的《停业登记申请表》后，审核完毕封存有关单证，向纳税人核发《核准停业通知书》。纳税人领取《核准停业通知书》后方可停业。

(5) 纳税人遇有特殊情况，需延长停业时间，应在停业期满前向主管国税机关提出申请，经核准后方可延期。

(6) 纳税人在停业期间发生纳税义务的，应当按照税收法律、行政法规的规定申报缴纳税款。

四、复业登记

(一) 业务规定

纳税人应当于恢复生产经营之前，向税务机关申报办理复业登记，领回并启用税务登记证件、发票领购簿及其停业前领购的发票。

(二) 纳税人需提交的资料

(1) 业主(负责人)身份证件;

(2) 停业时报送的《停业登记备案表》。

(三) 业务流程

(1) 纳税人停业期满，持《核准停业通知书》及复业申请报告，到主管税务机关申请复业。

(2) 主管税务机关经审核无误后，向纳税人发放《复业单证领取表》。

(3) 纳税人、扣缴义务人填报《复业单证领取表》。

(4) 税务登记机关经审核无误后为其办理复业手续，发还税务登记证件。

(5) 纳税人、扣缴义务人持税务登记证和《复业单证领取表》到主管税务所报到，办理纳税申报手续。

五、注销税务登记

(一) 业务规定

纳税人发生解散、破产、撤销以及其他情形，依法终止纳税义务的，应当在向工商行政管理机关或者其他机关办理注销登记前，持有关证件和资料向原税务登记机关申报办理注销税务登记；按规定不需要在工商行政管理机关或者其他机关办理注册登记的，应当自有关机关批准或者宣告终止之日起 15 日内，持有关证件和资料向原税务登记机关申报办理注销税务登记。纳税人办理注销税务登记前，应当向税务机关提交相应证明文件和资料，结清应纳税款、多退(免)税款、滞纳金和罚款，缴销发票、税务登记证件和其他税务证件。

(二) 纳税人需提交的资料

(1) 税务登记证(正、副本)；

(2)《注销税务登记申请表》(一式两份)；

(3) 上级主管部门批文或股东会决议及其他有关证明文件原件及复印件；

(4) 发票领购簿(领购地税发票的业户提供)；

(5)《发票缴销验销登记表》一式两份(领购地税发票的业户提供)；

(6) 保险专业中介机构许可证注销证明原件及复印件(保险专业中介机构提供)；

(7) 国税注销税务登记通知书(增值税纳税人注销时提供)；

(8) 中介机构出具的清算报告或企业自行清算报告(双定户及非独立核算分支机构除外)；

(9)《中华人民共和国企业清算所得税申报表》(企业所得税由地税部门征管的纳税人提供)；

(10) 工商行政管理机关发布的吊销营业执照决定文件原件及复印件(被工商行政管理机关吊销营业执照的提供)。

(三) 业务流程

(1) 对于国地税共管户，纳税人一般须先办理国税注销登记后，再到地税办理注销税务登记。

(2) 纳税人填写《注销税务登记申请表》，并到主管区局申请清缴发票和清缴税款。

(3) 纳税人办理完清缴发票和清缴税款后持《注销税务登记申请表》前往主管区局或主管税务所的综合服务窗口申请办理注销登记。

(4) 税务人员录入注销税务登记受理信息，并向纳税人发放受理回执。

(5) 主管税务机关对纳税人实施注销税务稽查(核准)。

(6) 纳税人凭主管税务机关实施注销税务稽查(核准)后加盖同意注销意见的《注销税务登记申请表》、原注销受理回执及税务登记证到主管区局或主管税务所的综合服务窗口办理注销核准手续。

(7) 税务人员受理纳税人的注销核准申请后，收回纳税人的税务登记证件正、副本并为纳税人开具《注销税务登记通知书》。

【拓展任务 1-2】

1. 税务机关应当自收到申报之日起(　　)日内审核并发给税务登记证件。

A. 15　　B. 20　　C. 30　　D. 25

2. 纳税人已在工商行政管理机关办理变更登记的，应当自工商行政管理机关变更登记之日起(　　)日内，持有关证件向原税务登记机关申报办理变更税务登记。

A. 15　　B. 20　　C. 30　　D. 25

3. 按规定不需要在工商行政管理机关或者其他机关办理注册登记的，应当自有关机关批准或者宣告终止之日起(　　)日内，持有关证件和资料向原税务登记机关申报办理注销税务登记。

A. 15　　B. 20　　C. 30　　D. 25

任务三　发票的管理

一、发票概述

发票是指一切单位和个人在购销商品、提供或接受服务以及从事其他经营活动中，所开具和收取的业务凭证，是会计核算的原始依据，也是审计机关、税务机关执法检查的重要依据。收据才是收付款凭证，发票只能证明业务发生了，不能证明款项是否收付。

发票内容一般包括：票头、字轨号码、联次及用途、客户名称、银行开户账号、商(产)品名称或经营项目、计量单位、数量、单价、金额，以及大小写金额、经手人、单位印章、开票日期等。实行增值税的单位所使用的增值税专用发票还应有税种、税率、税额等内容。

发票的基本联次包括存根联、发票联、记账联。存根联由收款方或开票方留存备查；发票联由付款方或受票方作为付款原始凭证；记账联由收款方或开票方作为记账原始凭证。发票的基本内容包括：发票的名称、发票代码和号码、联次及用途、客户名称、开户银行及账号、商品名称或经营项目、计量单位、数量、单价、大小写金额、开票人、开票日期、开票单位(个人)名称(章)等。

二、发票的意义作用

(1) 发票具有合法性、真实性、统一性、及时性等特征，是最基本的会计原始凭证之一；

(2) 发票是记录经济活动内容的载体，是财务管理的重要工具；

(3) 发票是税务机关控制税源、征收税款的重要依据；

(4) 发票是国家监督经济活动、维护经济秩序、保护国家财产安全的重要手段。

三、发票的种类

发票常见的种类有三种，即增值税专用发票、普通发票和专业发票。

1. 增值税专用发票

增值税专用发票是增值税一般纳税人专门用于结算销售货物或提供加工、修理修配等供应税劳务使用的一种发票。增值税专用发票只限于增值税一般纳税人领购使用，增值税小规模纳税人不得领购使用；是购方支付增值税额并可按照增值税有关规定据以抵扣进项税额的凭证。

2. 普通发票

增值税普通发票是增值税纳税人销售货物或者提供应税劳务、服务时，通过增值税税控系统开具的普通发票．普通发票主要由营业税纳税人和增值税小规模纳税人使用，增值税一般纳税人在不能开具专用发票的情况下也可使用普通发票。

3. 专业发票

专业发票是指国有金融、保险企业的存贷、汇兑、转账凭证、保险凭证；国有邮政、电信企业的邮票、邮单、话务、电报收据；国有铁路、国有航空企业和交通部门、国有公路、水上运输企业的客票、货票等。专业发票是一种特殊种类的发票，但不套印发票监制章。

四、发票的领购

（一）已办理税务登记的单位和个人，可以按下列规定向主管国家税务机关申请购领发票

1. 提出购票申请

单位或个人在申请购票时，必须提出购票申请报告，在报告中载明单位和个人的名称，所属行业，经济类型，需要发票的种类、名称、数量等内容，并加盖单位公章和经办人印章。

2. 提供有关证件

购领发票的单位或者个人必须提供税务登记证件，购买专用发票的，应当提供盖有“增值税一般纳税人”确认专章的税务登记证件，经办人身份证明和其他有关证明，提供财务印章或发票专用章的印模。

3. 持簿购买发票

购票申请报告经有权国家税务机关审查批准后，购票者应当领取国家税务机关核发的发票领购簿或者增值税专用发票购领簿，根据核定的发票种类、数量以及购票方式，到指定的国家税务机关购领发票。单位或个人购买专用发票的，还应当场在发票联和抵扣联上加盖发票专用章或财务印章等章戳。

（二）固定业户到外县（市）销售货物的应当凭机构所在地国家税务机关填发的《外出经营活动税收管理证明》向经营地国家税务机关申请领购或者填开经营地的普通发票

申请领购发票时，应当提供保证人或者根据所领购发票的票面限额及数量缴纳不超过1万元的发票保证金，并限期缴销发票。按期缴销发票的，解除保证人的担保义务或者退还保证金，未按期缴销发票的，由保证人承担法律责任或者收缴保证金。

（三）依法不需要办理税务登记的纳税人以及其他未领取税务登记证的纳税人不得领购发票，需用发票时，可向经营地主管国家税务机关申请填开

申请填开时，应提供足以证明发生购销业务或者提供劳务服务以及其他经营业务活动方面的证明，对税法规定应当缴纳税款的，应当先缴税后开票。

五、发票的开具和保管

(1) 销售商品、提供服务以及从事其他经营活动的单位和个人，对外发生经营业务收

取款项，收款方应向付款方开具发票；特殊情况下由付款方向收款方开具发票。

(2) 所有单位和从事生产、经营活动的个人在购买商品、接受服务以及从事其他经营活动支付款项时，应当向收款方取得发票。取得发票时，不得要求变更品名和金额。

(3) 不符合规定的发票，不得作为财务报销凭证，任何单位和个人有权拒收。

(4) 开具发票应当按照规定的时限、顺序，逐栏、全部联次一次性如实开具，并加盖单位财务印章或者发票专用章。

(5) 使用电子计算机开具发票，须经主管税务机关批准，并使用税务机关统一监制的机外发票，开具后的存根联应当按照顺序号装订成册。

(6) 任何单位和个人不得转借、转让、代开发票；未经税务机关批准，不得拆本使用发票；不得自行扩大专业发票使用范围。禁止倒买倒卖发票、发票监制章和发票防伪专用品。

(7) 发票限于领购单位和个人在本省、自治区、直辖市内开具。省、自治区、直辖市税务机关可以规定跨市、县开具发票的办法。

(8) 任何单位和个人未经批准，不得跨规定使用区域携带、邮寄、运输空白发票。禁止携带、邮寄或者运输空白发票出入境。

(9) 开具发票的单位和个人应当建立发票使用登记制度，设置发票登记簿，并定期向主管税务机关报告发票使用情况。

(10) 开具发票的单位和个人应当在办理变更或者注销税务登记的同时，办理发票和发票领购簿的变更、缴销手续。

(11) 开具发票的单位和个人应当按照税务机关的规定存放和保管发票，不得擅自损毁。已开具的发票存根联和发票登记簿，应当保存五年。保存期满，报经税务机关查验后销毁。

六、发票的检查

(1) 税务机关在发票检查中可以行使以下权力：检查权，调出发票查验权，查阅复制权，询问权，使用记录、录音、录像、照相和复制等手段调查取证权，并可有权进行下列检查：检查印制、领购、开具、取得和保管发票的情况；调出发票查验；查阅、复制与发票有关的问题和情况；在查处发票案件时，对与案件有关的情况和资料，可以记录、录音、录像、照相和复制。

(2) 印制、使用发票的单位和个人，必须接受税务机关依法检查，如实反映情况，提供有关资料，不得拒绝、隐瞒。税务人员进行检查时，应当出示税务检查证。税务机关需要将已开具的发票调出查验时，应当向被查验的单位和个人开具发票换票证。

发票换票证与所调出查验的发票具有同等的效力。被调出查验发票的单位和个人不得拒绝接受。税务机关需要将空白发票调出查验时，应当开具收据，经查无问题的，应当及时返还。

(3) 单位和个人从中国境外取得的与纳税有关的发票或者凭证，税务机关在纳税检查时有疑问的，可以要求其提供境外公证机构或者注册会计师的确认证明，经税务机关审核认可后，方可作为记账核算的凭证。

（4）税务机关在发票检查中需要核对发票存根联与发票联填写情况时，可以向持有发票联或者发票存根联的单位发出发票填写情况核对卡。收执发票或保管发票存根联的单位，接到税务机关“发票填写情况核对卡”后，应在15日内填写有关情况报回。“发票填写情况核对卡”的式样由国家税务总局确定。

七、法律责任

（一）违反发票管理法规的行为包括

（1）未按照规定印制发票或者生产发票防伪专用品的；

（2）未按照规定领购发票的；

（3）未按照规定开具发票的；

（4）未按照规定取得发票的；

（5）未按照规定保管发票的；

（6）未按照规定接受税务机关检查的。

（二）对违法行为的处罚

（1）对有前款所列行为之一的单位和个人，由税务机关责令限期改正，没收非法所得，可以并处1万元以下的罚款。有前款所列两种或者两种以上行为的，可以分别处罚。

（2）对非法携带、邮寄、运输或者存放空白发票的，由税务机关收缴发票，没收非法所得，可以并处1万元以下的罚款。

（3）私自印制、伪造变造、倒买倒卖发票，私自制作发票监制章、发票防伪专用品的，由税务机关依法予以查封、扣押或者销毁，没收非法所得和作案工具，可以并处1万元以上5万元以下的罚款；构成犯罪的，依法追究刑事责任。

（4）违反发票管理法规，导致其他单位或者个人未缴、少缴或者骗取税款的，由税务机关没收非法所得，可以并处未缴、少缴或者骗取的税款一倍以下的罚款。

（5）当事人对税务机关的处罚决定不服的，可以依法向上一级税务机关申请复议或者向人民法院起诉；逾期不申请复议，也不向人民法院起诉，又不履行的，作出处罚决定的税务机关可以申请人民法院强制执行。

（6）税务人员利用职权之便，故意刁难印制、使用发票的单位和个人，或者有违反发票管理法规行为的，依照国家有关规定给予行政处分；构成犯罪的，依法追究刑事责任。

【拓展任务1–3】

1.（　　）是发票的主管机关，负责发票印制、领购、开具、取得、保管、缴销的管理和监督。

A. 税务机关　　B. 财政机关　　C. 海关　　D. 工商局

2. 发票管理办规定，发票基本联次的第二联为（　　）。

A. 存根联　　B. 记账联　　C. 发票联　　D. 报查联

3.（　　）是税务机关管理发票的法定标志。

A. 发票代码号码　　B. 全国统一发票监制章

C. 发票名称　　D. 发票专用章

模块二　税费的计算——税费实训

知识目标	技能目标	素质目标
1. 了解企业税费计算的内容。 2. 了解税费计算的方法。 3. 明确税费计算的重要性。	1. 明确税费计算的内容。 2. 理解税费计算的方法。 3. 理解税费计算的重要性。	1. 树立纳税的意识。 2. 养成谨慎、仔细的职业素养。

一、企业税费计算的内容

税费计算是根据纳税人的生产经营或其他具体情况，对其应税事项，按照国家规定的税率，采取一定的计算方法，计算出纳税人的应纳税额。

我国现行的税种中，根据公司所处的行业及涉及的业务，缴税也不同。现行有增值税、消费税、企业所得税、个人所得税、资源税、城市维护建设税、房产税、印花税、城镇土地使用税、土地增值税、车船使用税、船舶吨税、车辆购置税、关税、耕地占用税、契税、烟叶税、环保税。一般公司都会涉及的税种有以下 7 个，即增值税、城市维护建设税、教育费附加、地方教育费附加、印花税、个人所得税、企业所得税。企业对照一下自己的经营业务即可知道自己涉及哪些税，并正确按照税种进行计算，依法纳税是每个公民与企业的义务，都应按时足额缴纳。

二、税费计算的方法

（一）明确计税依据

计税依据又叫税基，是指据以计算征税对象应纳税款的直接数量依据，它解决对征税对象课税的计算问题，是对课税对象的量的规定。计税依据按照计量单位的性质划分，有两种基本形态：价值形态和物理形态。价值形态包括应纳税所得额、销售收入等，物理形态包括面积、体积、容积、重量等。以价值形态作为税基，又称为从价计征，即按征税对象的货币价值计算。另一种是从量计征，即直接按征税对象的自然单位计算。

计税依据是课税对象的量的表现。计税依据的数额同税额成正比，计税依据的数额越多，应纳税额也越多。课税对象同计税依据有密切的关系。前者是从质的方面对征税的规定，即对什么征税；后者则是从量的方面对征税的规定，即如何计量。如所得税中的应税所得额既是课税对象，又是计税依据；有些税的课税对象和计税依据是不一致的，如房产税的课税对象是房产，它的计税依据则是房产的价值或租金。不同的税种，计税依据是有所不同的。比如企业所得的计税依据，是实现的利润金额，企业所得税 = 利润总额×所得税税率。再比如土地使用税的计税依据，是实际占用土地面积，土地使用税 = 实际占用土地面积×单位税额。

（二）明确计税税率

税率是对征税对象的征收比例或征收额度，也是计算税额的尺度，税率是衡量税负轻重与否的重要标志。现行税率有比例税率、超额累进税率、定额税率和超率累进税率。不同的税率适用于不同的行业、产品、税收对象和地区。企业需按自身情况适用税率计算缴纳相关税款。常见的税率包括增值税税率、企业所得税税率等。如现行一般纳税人的增值税税率分别为13%、9%、6%、0四档，小规模纳税人增值税税率则为征收率，常见征收率有3%或5%两档，而企业所得税的税率一般有25%、20%和15%等。

（三）正确计算税额

根据不同税种的计税依据，以及所适用的税率，即可按照一定的计税公式计算税额。如增值税的计算，因为增值税纳税人可以分为一般纳税人和小规模纳税人，一般纳税人发生增值税应税销售行为一般情况下采用一般计税方法（除明确规定可适用简易计税方式），其应纳税额为当期销项税额扣除进项税额后的余额；小规模纳税人采用简易计税方法，应纳税额为当期销售额与适用征收率的乘积。而从价消费税应纳税额＝不含增值税销售额×适用消费税比例税率，从量消费税应纳消费税税额＝数量×定额税率，复合计税方式既要计算从价税额也需要计算从量税额。

三、税费计算的重要性

（1）税费的计算是正确进行税费申报的前提。税费的计算与申报是企业必须遵守的法律义务。了解税收法律法规及其相关规定对于企业合法合规经营至关重要。

（2）降低企业税费成本，对税费的准确计算和申报可以帮助企业合理避税、减税，降低税费成本，提高企业的经济效益。

（3）保障企业财务稳健，税费的计算和申报与企业的财务紧密相关。只有通过准确的税费计算和申报，企业才能保障自己的财务稳健。

（4）帮助企业合理规避税务风险：税务风险对企业的经营带来的影响非常大。应正确进行税费的计算和申报，掌握更多的税收政策，从而合理规避税务风险。

【拓展任务1-4】

1.（　　）是税费征税对象的具体化。

A. 计税依据　　B. 税目

C. 税率　　D. 税源

2. 税费计算的重要性包括（　　）。

A. 税费申报的前提　　B. 降低税费成本

C. 保障企业财务稳健　　D. 合理规避税务风险

3. 现行税率包括（　　）。

A. 比例税率　　B. 超额累进税率

C. 定额税率　　D. 超率累进税率

模块三　纳税申报表的填制——技能填制

知识目标	技能目标	素质目标
1. 了解纳税申报表的内容。 2. 了解各类纳税申报表。 3. 了解纳税申报表中数据的勾稽关系。	1. 会区分不同的税表。 2. 能够明确主附表之间的关系。 3. 明确纳税申报表填制的重要性。	1. 理解各数据之间的勾稽关系，养成会计人员严谨的工作态度。 2. 在纳税申报的过程中保持会计人谨慎的工作作风。

一、纳税申报表的内容

纳税申报表，是税务机关指定，由纳税人填写，以完成纳税申报程序的一种税收文书。纳税人在履行纳税申报的法律手续时，需如实填写并向税务机关报送综合反映纳税人当期应税情况的报表。该表由税务机关统一印制。因各税种要求纳税人申报内容不尽相同，各税都有相应的纳税申报表。此外，还针对不同的纳税人设计了特定的纳税申报表。纳税申报表是税务机关掌握、分析、核定纳税人纳税情况的主要依据，是税务档案的重要内容。纳税人应按要求如实填报。如有错漏，法律责任自负。

总的来说，纳税申报表内容一般包括纳税人名称、经济性质、经营地址、税种、税目、应纳税项目、计税单位、适用税率或单位税额、计税依据、减税免税或者扣除项目金额及其标准、应纳税款、税款所属时期、纳税申报日期等。

二、纳税申报表的种类

针对不同的税种，所使用的税表不同，内容也不同，既有主表，也有附表。

（一）增值税纳税申报表

1. 一般纳税人增值税申报表

对于一般纳税人增值税申报表主要是有1张主表和4张附表。附表一为本期销售情况明细表，主要填写的是销项情况；附表二为本期进项税额明细表，主要填写本期进项情况；附表三为服务、不动产和无形资产扣除明细表，主要由有差额扣除项目的纳税人填报；附表四为税额抵减情况表，主要分为上下税额抵减情况和加计抵减情况。除此之外，还有一个免税表《增值税减免税申报表》，享受增值税减免税优惠政策的纳税人需要填写。

2. 小规模纳税人增值税申报表

对于小规模纳税人增值税申报表主要有3张，一是《增值税纳税申报表》（小规模纳税人适用），也就是主表，这是必须要填的一张表；二是《增值税纳税申报表（小规模纳税人适用)附列资料》也就是附表，需要纳税人按照实际发生的应税行为进行填写；三是《增值税免税申报明细表》主要由享受相关优惠政策的小规模纳税人根据具体情况填写，但是仅享受小规模纳税人普惠优惠政策(月销售额不超过10万元，或季销售额不超过30万元免征增值税)及未达到起征点的小规模纳税人免征增值税不需要填这个表。

(二) 消费税纳税申报表

主要包括《消费税及附加税费申报表》《本期准予扣除税额计算表》、《本期准予扣除税额计算表(成品油消费税纳税人适用)》，以及《本期减(免)税额明细表》。

(三) 企业所得税纳税申报表

现行企业所得税年度纳税申报表总共39张，其中主表和基础信息表为必填表，其余表单纳税人可结合实际情况，通过勾选《企业所得税年度纳税申报表填报表单》选择对应表单进行填报，例如企业享受了固定资产一次性扣除政策，可选择填报A105080《资产折旧、摊销情况及纳税调整明细表》。为进一步减轻小型微利企业填报负担，税务总局明确了小型微利企业免予填报收入、成本、费用明细表等6张表单及《企业所得税年度纳税申报基础信息表》(A000000)的"主要股东及分红情况"项目，减轻小微企业申报工作量。

(四) 个人所得税纳税申报表

主要包括个人所得税基础信息表(A表)(B表)、个人所得税扣缴申报表、个人所得税自行纳税申报表(A表)、个人所得税年度自行纳税申报表、个人所得税经营所得纳税申报表(A表)(B表)(C表)、合伙制创业投资企业单一投资基金核算方式备案表、单一投资基金核算的合伙制创业投资企业个人所得税扣缴申报表。

三、纳税申报表的填列

(一) 填列内容

(1) 税款所属时间，是指纳税人申报的增值税应纳税额的所属时间，应填写具体的起止年、月、日。

(2) 填表日期，指纳税人填写本表的具体日期。

(3) 纳税人识别号栏，填写税务机关为纳税人确定的识别号，即税务登记证号码。

(4) 所属行业栏，按照国民经济行业分类与代码中的最细项(小类)进行填写(国民经济行业分类与代码附后)，仅填写行业代码。

(5) 纳税人名称栏，填写纳税人单位名称全称，不得填写简称。

(6) 法定代表人姓名栏，填写纳税人法定代表人的姓名。

(7) 注册地址栏，填写纳税人税务登记证所注明的详细地址。

(8) 营业地址栏，填写纳税人营业地的详细地址。

(9) 开户银行及账号栏，填写纳税人开户银行的名称和纳税人在该银行的结算账户号码。

(10) 企业登记注册类型栏，按税务登记证填写。

(11) 电话号码栏，填写纳税人注册地和经营地的电话号码。

(12) 其他数据依据项目勾稽关系填列。

（二）填列要求

（1）依据企业实际经营发生内容填写。

（2）申报计算数据要正确无误。

（3）注意报表项目填写齐全。

（4）填写报送要按时。

【拓展任务 1–5】

1. 纳税申报表内容一般包括(　　)。

A. 纳税人名称　　B. 经济性质

C. 经营地址　　D. 税种

2. 纳税申报表的填列要求有(　　)。

A. 依据企业实际经营发生内容填写　　B. 申报计算数据要正确无误

C. 注意报表项目填写齐全　　D. 填写报送要按时

3. 常用的纳税申报表包括(　　)。

A. 增值税纳税申报表　　B. 消费税纳税申报表

C. 企业所得税纳税申报表　　D. 个人所得税纳税申报表

模块四　税费的智能申报——一键填报

知识目标	技能目标	素质目标
1. 明确纳税申报的内容。 2. 了解常见纳税申报的方式。 3. 了解纳税申报的重要性。	1. 能够明确常见纳税申报的方式。 2. 能归纳智能报税的流程。	会计人员要提高专业技能，能准确、如实进行税务申报。

一、纳税申报

纳税申报是指纳税人按照税法规定的期限和内容向税务机关提交有关纳税事项书面报告的法律行为，是纳税人履行纳税义务、承担法律责任的主要依据，是税务机关税收管理信息的主要来源和税务管理的一项重要制度。

纳税人必须依照法律、行政法规规定或者税务机关依照法律、行政法规的规定确定的申报期限、申报内容如实办理纳税申报，报送纳税申报表、财务会计报表以及税务机关根据实际需要要求纳税人报送的其他纳税资料。扣缴义务人必须依照法律、行政法规规定或者税务在依照法律、行政法规的规定确定的申报期限、申报内容如实报送代扣代缴、代收代缴税款报告表以及税务机关根据实际需要要求扣缴义务人报送的其他有关资料。

纳税人、扣缴义务人不能按期办理纳税申报或者报送代扣代缴、代收代缴税款报告表的，经税务机关核准，可以延期申报。经核准延期办理所规定的申报、报送事项的，应当在纳税期内按照上期实际缴纳的税额或者税务机关核定的税额预缴税款，并在核准的延期内办理税款结算。

纳税人未按照规定的期限办理纳税申报的，或者扣缴义务人、代征人未按照规定的期限向国家税务机关报送代扣代缴、代收代缴税款报告表的，由国家税务机关责令限期改正，可以处以 2 千元以下的罚款；逾期不改正的，可以处以 2 千元以上 1 万元以下的罚款。

二、申报方式

（1）直接申报，也称上门申报，是指纳税人和扣缴义务人在规定的申报期限内，自行到税务机关指定的办税服务场所报送纳税申报表、代扣代缴、代收代缴报告表及有关资料。

（2）邮寄申报，是指经税务机关批准，纳税人、扣缴义务人使用统一的纳税申报专用信封，通过邮政部门办理交寄手续，并以邮政部门收据作为申报凭据的一种申报方式。

（3）数据电文申报，也称电子申报，是指纳税人、扣缴义务人在规定的申报期限内，通过与税务机关接受办理纳税申报、代扣代缴及代收代缴税款申报的电子系统联网的电脑终端，按照规定和系统发出的指示输入申报内容，以完成纳税申报或者代扣代缴及代收代缴税款申报的方式。现阶段，可以通过网上申报方式进行，方便快捷。

（4）简易申报，是指实行定期定额征收方式的纳税人，经税务机关批准，通过以缴纳税款凭证代替申报并可简并征期的一种申报方式。

三、纳税申报的意义

纳税申报有利于加强纳税人的纳税观念，促进企业正确办理纳税申报手续，降低纳税风险。税法明确规定纳税人和扣缴义务人必须在规定期限内报送纳税申报表和各种附表，否则将受到税务机关的行政处罚，这样可以有效地约束纳税人，促使其按照税法规定自觉履行纳税义务。定期编制和报送纳税申报表，可以培养纳税人依法纳税的观念，增强纳税人履行纳税义务的自觉性。

【拓展任务 1–6】

1. 纳税人未按照规定的期限办理纳税申报的，由国家税务机关责令限期改正，可以处以(　　)以下的罚款。

A. 2000 元　　B. 3000 元　　C. 2500 元　　D. 4000 元

2. 纳税申报的方式有(　　)。

A. 直接申报　　B. 邮寄申报

C. 电子申报　　D. 简易申报

3. 数据电文申报包括(　　)方式。

A. 电话语音　　B. 电子数据交换

C. 网络传输

模块五　综合实训——实践运用

一、单项选择练习

1. 在税收制度的基本要素中，体现征税程度的是(　　)。

A. 纳税人　　B. 征税对象　　C. 税率　　D. 计税依据

2. 纳税人即纳税主体，是指直接负有纳税义务的(　　)。

A. 单位和个人　　B. 法人　　C. 自然人　　D. 扣缴义务人

3. 下列税种中，实行从量计征的是(　　)。

A. 车辆购置税　　B. 契税

C. 城镇土地使用税　　D. 房产税

4. 在税法的构成要素中，区分不同税种的主要标志的要素是(　　)。

A. 税率　　B. 税目　　C. 税基　　D. 征税对象

5. 税收采取的是(　　)方式。

A. 强制征收　　B. 有偿筹集　　C. 自愿缴纳　　D. 自愿认购

6. 以下税种中属于流转税类的是(　　)。

A. 个人所得税　　B. 增值税

C. 资源税　　D. 印花税

7. 负有代扣代缴义务的单位和个人称为(　　)。

A. 扣缴义务人　　B. 纳税人　　C. 负税人　　D. 征税人

8. 税收制度的核心要素是(　　)。

A. 征税对象　　B. 税率　　C. 税基　　D. 税源

二、多项选择练习

1. 纳税申报的方法有(　　)。

A. 委托申报　　B. 直接申报　　C. 电子申报　　D. 邮寄申报

2. 下列有关税收作用的表述中正确的有(　　)。

A. 税收具有维护国家政权的作用

B. 税收是国际经济交往中维护国家利益的可靠保证

C. 税收是国家调控经济运行的重要手段

D. 税收是国家组织财政收入的主要形式

3. 注销税务登记的适用范围有(　　)。

A. 纳税人的法定代表人发生变更的

B. 纳税人因住所、经营地点变更，涉及改变主管税务机关的

C. 纳税人被工商行政管理机关吊销营业执照的

D. 纳税人因故需要歇业的

4. 下列各项中属于税法构成的最基本的要素是(　　)。

A. 税率　　B. 扣缴义务人　　C. 纳税人　　D. 征税对象

5. 从事生产、经营的纳税人到外县(市)临时从事生产、经营活动的，应当持(　　)向营业地税务机关报验登记，接受税务管理。

A. 营业执照　　B. 税务登记副本

C. 外出经营活动税收管理证明　　D. 税务登记正本

6. 下列各项中属于税收要素的是(　　)。

A. 征税对象　　B. 纳税义务人　　C. 税率　　D. 征税人

7. 按现行税法的规定，征税税率包括(　　)。

A. 比例税率　　B. 累进税率　　C. 定额税率　　D. 从量税率

8. 按现行税法规定，计税依据可以分为(　　)。

A. 复合计征　　B. 从量计征　　C. 独立计征　　D. 从价计征

三、判断题练习

1. 税收是国家为实现国家职能，凭借政治权力，按照法律规定的标准，有偿取得财政收入的一种特定分配方式。(　　)

2. 税收的强制性是税收“三性”的核心，保证了国家税款的及时、足额入库。(　　)

3. 纳税人已办理停业登记，在此期间发生纳税义务的，可在复业后办理申报缴纳税款。(　　)

4. 课税对象的数额超过免征额的，只就减除免征额后的剩余部分计征税款。(　　)

5. 税率是对征税对象的征收比例或征收额度。(　　)

6 一般纳税人未按规定保管专用发票，经税务机关责令限期改正而仍未改正的，不得领购开具增值税专用发票。(　　)

7. 纳税人在纳税期内没有应纳税款的，也应按照规定办理纳税申报。(　　)

8. 纳税人税务登记表的内容发生变更，税务机关应重新核发税务登记证。(　　)

9. 发票应当由收款方向付款方开具，不得由付款方向收款方开具。(　　)

10. 普通发票可以由省级税务机关指定的企业印刷。(　　)

项目二

增值税的计算与智能申报

学习目标

1. 掌握增值税概念和税率。
2. 会计算一般纳税人与小规模纳税人的应纳增值税税额。
3. 会填制一般纳税人与小规模纳税人的纳税申报表。
4. 能熟练进行增值税网上纳税申报。
5. 养成关注税制变化及纳税的意识。

情境导航

A 市海星食品有限公司是一个坐落在 A 市沙坪坝区歌乐山南街 23 号附 1 号的食品有限公司，电话 023-46523388，为增值税一般纳税人，纳税识别号 697654923657865331。该公司主要业务为罐头加工，主要原材料为草莓、砂糖橘、黄桃等水果。2023 年 10 月，A 市海星公司要求会计小张根据本月发生的增值税相关业务，填制增值税纳税申报表，进行网上报税，采用现行税制，所给价格均为不含税价(除零星销售、差旅费)。如果你是小张，请核算本月应缴纳的增值税，填制纳税申报表，进行纳税智能申报。

(1) 1 日，销售给宏发超市黄桃罐头 3000 罐、橘子罐头 2200 罐、草莓罐头 1900 罐，单价分别为 7 元、3.6 元、5.5 元，货款已收，开具增值税专用发票，税率 13%，发票注明销售金额 39370 元，税额 5118.10 元。

(2) 2 日，向开心农场购入草莓 3000 斤、每斤 8 元，购入冰冻黄桃 2500 斤、每斤 3 元，冰冻橘子 4000 斤、每斤 2.5 元，货款已付，取得增值税专用发票，税率 9%，发票注明购进金额 41500 元，税额 3735 元。

(3) 3 日，为本公司每位职工发放黄桃罐头、草莓罐头、橘子罐头各 2 罐作为国庆福利，本公司共计员工 25 人，黄桃罐头市场售价不含税单价 7 元，草莓罐头市场售价不含税单价5.5元，橘子罐头市场售价不含税单价3.6元。

(4) 6日，向洪辰铝制品有限公司购入定制罐头包装罐，每个0.8元，共计30000个，货款尚未支付，取得增值税专用发票，税率13%，发票注明购进金额24000元，税额3120元。

(5) 7日，在红帆广场进行展览销售，零售出黄桃罐头142罐、每罐含税单价9.5元，草莓罐头90罐、每罐含税单价7.5元，橘子罐头160罐、每罐含税单价5元。货款已收，已开收据。

(6) 10日，向农民个人购入草莓2000斤、每斤含税价8元，购入水蜜桃3600斤、每斤含税价5.8元，对方开具收据，现金付讫。

(7) 11日，上月21日销售给宏发超市的黄桃罐头3000罐因日期不新鲜不符合标准，决定给予50%的折让，商品不退回。已按要求开具增值税红字专用发票，发票注明销售金额-10500元，税额-1365元。

(8) 12日，将外购的草莓每人发放5斤，每斤成本8元，作为福利发放给职工，本公司共计职工25人。

(9) 15日，向小规模纳税人红谷陶瓷有限公司购入定制罐头包装罐，每个0.88元，共计20000个，货款已付，取得税务机关代开增值税专用发票，税率3%，发票注明购进金额17600元，税额528元。

(10) 16日，小王出差返回单位，报销差旅费，其中火车票往返共计872元，业务招待费合计1200元，取得增值税普通发票，单位现金付讫。

(11) 19日，销售给鸿飞商贸有限公司黄桃罐头6500罐，每罐不含税单价7元；草莓罐头5200罐，每罐不含税单价5.5元；橘子罐头6000罐，每罐不含税单价3.6元；水蜜桃罐头4600罐，每罐不含税单价5.4元。由于批量销售，均给予9.5折优惠。货款已收，开具增值税专用发票(折扣在发票中以负数表示)，税率13%，发票注明销售金额114513元，税额14886.69元。

(12) 20日，支付上述水果运费800元，货款已付，取得增值税专用发票，发票注明金额800元，税额72元。

(13) 21日，上月30日销售给鸿飞商贸有限公司的水蜜桃罐头因质量问题，被全部退回。已按要求开具增值税红字专用发票，发票注明销售金额-23598元，税额-3067.74元。

(14) 21日，将橘子罐头3000罐捐赠给某贫困县希望小学。

(15) 23日，零售草莓罐头210罐，每罐不含税单价6元；橘子罐头300罐，每罐不含税单价4元。货款已收，开具普通发票，税率13%，发票注明销售金额2460元，税额319.8元。

(16) 25日，将黄桃罐头3000罐，每罐不含税单价6.95元；草莓罐头3400罐，每罐不含税单价5.45元；橘子罐头5000罐，每罐不含税单价3.6元；水蜜桃罐头6000罐，每罐不含税单价5.4元交给兰溪商贸代销，采用视同买断的方式。

(17) 30日，进行财产清点，本公司因管理不善造成的草莓毁损100斤，每斤单价7元。

模块一　背景知识——税制认知

知识目标	技能目标	素质目标
1. 掌握增值税的征税对象和范围。 2. 掌握区分一般纳税人和小规模纳税人的条件。 3. 了解国家现有的一些税收优惠政策。	1. 会区分一般纳税人和小规模纳税人。 2. 会区分不同商品、劳务及服务等适用的税率。 3. 会区分不同销售方式下纳税义务发生的时间和地点。	1. 树立纳税观念，形成应缴必缴的意识。 2. 树立提高专业技能，及时、守法进行税务申报的意识。

一、增值税的概念

增值税是以商品(含应税劳务)在流转过程中产生的增值额作为计税依据而征收的一种流转税。从计税原理上说，增值税是对商品生产、流通、劳务服务中多个环节的新增价值或商品的附加值征收的一种流转税。

二、增值税纳税人

(一) 增值税纳税人的确定

增值税纳税人是指税法规定负有缴纳增值税义务的单位和个人。

在我国境内销售、进口货物或者提供加工、修理、修配劳务以及应税服务的单位和个人，为增值税纳税人。

报关进口货物的纳税人是进口货物收货人或报关进口单位。代理进口的，以海关完税凭证(专用缴款书)上的纳税人为增值税的纳税人。

(二) 增值税纳税人类型的确定

按照经营规模的大小和会计核算健全与否等标准，增值税纳税人可分为一般纳税人和小规模纳税人。

增值税纳税人按认定标准可分为两类：一类是一般纳税人；另一类是小规模纳税人。

1. 划分依据

基本依据是纳税人的会计核算是否健全，是否能够提供准确的税务资料以及企业规模的大小(以年销售额为依据)。

2. 划分标准

一是纳税年度应税销售额的大小；二是会计核算水平。

		具体规定
认定标准	年销售额大小	2018年5月1日及以后，不分行业性质，小规模纳税人标准为年应税销售额500万元及以下
	会计核算水平	（1）有固定的生产经营场所 （2）能够按照国家统一的会计制度规定设置账簿，根据合法、有效凭证核算，能够提供准确税务资料

《增值税暂行条例》第十三条规定：小规模纳税人会计核算健全，能够提供准确税务资料的，可以向主管税务机关办理登记，不作为小规模纳税人，依照本条例有关规定计算应纳税额。

3. 特殊规定

(1)其他个人(除个体工商户外的个人)	按小规模纳税人纳税
(2)非企业性单位、不经常发生应税行为的企业、单位和个体工商户	可选择按小规模纳税人纳税
(3)加油站	一般纳税人

（三）增值税扣缴义务人的确定

《增值税暂行条例》第十八条规定：中华人民共和国境外的单位或者个人在境内销售劳务，在境内未设有经营机构的，以其境内代理人为扣缴义务人；在境内没有代理人的，以购买方为扣缴义务人。

三、增值税征税范围

增值税的征税范围包括：销售或进口的货物、销售劳务、销售服务、销售无形资产以及不动产。增值税的征税范围覆盖了货物与服务。

（一）销售或进口的货物

这里的货物主要指的就是有形动产。当然，气体、电力以及热力也包括其中。我们在销售货物时，转让是获得所有权，而不是使用权。

（二）销售劳务

劳务指的就是修理修配、加工劳务。不仅销售货物需要缴纳增值税，有偿提供劳务也是需要缴纳增值税的。当然，这里的加工指的是委托加工；而修理修配主要就是让不能工作的货物恢复原来的功能。比如，汽车的维修。

（三）销售服务

服务包括运输服务、邮政服务、电信服务、建筑服务、金融保险服务、现代服务（研发和技术服务、文化创意服务、信息技术服务等）、生活服务（文化体育服务、医疗教育服务、旅游娱乐服务、餐饮住宿服务、居民日常服务等）。

（四）销售无形资产

销售无形资产是指转让无形资产的使用权或所有权的经济活动。我们比较常见的无形资产有商标、技术以及其他有益无形资产。具体来说，其他有益无形资产包括特许经营权、经销权、肖像权以及冠名权等。

(五) 销售不动产

不动产是指不动产的所有权。常见的不动产包括构建物、建筑物等。比方说，我们购买的房产，也需要缴纳增值税的。

另外，当土地使用权和建筑物一起转让时，也需要按照“销售不动产”缴纳增值税。

(六) 增值税征税范围的特殊规定

1. 特殊项目

(1) 货物期货(包括商品期货和贵金属期货);

(2) 在实物交割环节纳税;

(3) 银行销售金银的业务;

(4) 典当业销售死当物品业务;

(5) 典当业的死当销售业务和寄售业代委托人销售物品;

(6) 寄售业销售委托人寄售物品的业务;

(7) 集邮商品的生产、调拨及邮政部门以外的其他单位和个人销售集邮商品的业务。

2. 特殊行为

视同销售：以下八种行为在增值税法中被视同为销售货物，均要征收增值税。

(1) 将货物交付他人代销;

(2) 销售代销货物;

(3) 非同一县(市)，将货物从一个机构移送其他机构用于销售;

(4) 将自产或委托加工的货物用于非应税项目;

(5) 将自产、委托加工或购买货物作为投资，提供给其他单位或个体经营者;

(6) 将自产、委托加工或购买的货物分配给股东或投资者;

(7) 将自产或委托加工的货物用于集体福利或个人消费;

(8) 将自产、委托加工或购买的货物无偿赠送他人。

四、增值税税率与征收率

(一) 税率

增值税一般纳税人发生应税行为，应按照使用税率计算缴纳增值税。一般纳税人增值税税率共分为四档：13%、9%、6%和0。

1. 适用13%税率

(1) 销售及进口货物(适用于9%的货物除外);

(2) 销售劳务;

(3) 提供加工、修理修配劳务;

(4) 有形动产(融资、经营)租赁服务。

2. 适用9%税率

(1) 粮食等农产品、食用植物油、食用盐;

（2）自来水、暖气、冷气、热水、煤气、石油液化气、天然气、二甲醚、沼气、居民用煤炭制品；

（3）图书、报纸、杂志、音像制品、电子出版物；

（4）饲料、化肥、农药、农机、农膜；

（5）国务院规定的其他货物，如音像制品、电子出版物、二甲醚等；

（6）交通运输服务，含陆路运输、水路运输、航空运输、管道运输等服务；

（7）邮政服务；

（8）电信服务，含基础电信服务、增值电信服务；

（9）建筑服务；

（10）不动产（融资、经营）租赁服务；

（11）销售不动产。

3. 适用6%税率

（1）现代服务业，含研发和技术、信息技术服务、文化创意服务、物流辅助服务、鉴证咨询服务、商务辅助服务、广播影视服务、其他现代服务等。

（2）销售无形资产，含商标、技术、著作权、其他权益性无形资产等。

（3）金融服务，含贷款、保险等。

（4）生活服务，含教育医疗、文化体育、旅游娱乐服务等。

4. 适用零税率

（1）出口货物、劳务、境内单位和个人发生的以下服务：

①国际运输服务（在境内载运旅客或货物出境、在境外载运旅客或货物入境、在境外载运旅客或货物）；

②航天运输服务；

③境外消费的服务，包括研发服务、合同能源管理服务、设计服务、广播影视节目的制作和发行服务、软件服务、电路设计及测试服务、信息系统服务、业务流程管理服务、离岸服务外包业务、转让技术。

④财政部国家税务总局规定的其他服务。

（2）境内单位或个人提供程租服务，如果租赁的交通工具用于国际运输服务或港澳台地区运输服务，由出租方申请适用零税率。

（3）境内单位或个人向境内单位或个人提供期租、湿租服务，如果承租方利用租赁的交通工具向其他单位或个人提供国际运输服务和港澳台运输服务的，由承租方申请适用零税率。境内单位或个人向境外单位或个人提供期租、湿租服务，由出租方适用零税率。

（4）境内单位或个人以无运输工具承运方式提供的国际运输服务，由境内实际承运人适用增值税零税率，无运输工具的承运人适用增值税免税政策。

注意免税和零税率的区别：零税率在税法上具有纳税义务，只是税率为零，免税是根据国家相关政策的规定，免除纳税人缴纳税款的义务。对于适用零税率的应税行为，有纳税义务，自然其取得的进项税额可以抵扣，由于销售活动适用零税率，销项税额为零，进项税额无销项可抵扣，体现为退税，即退还给纳税人在各个流转环节已经缴纳的税款。而免税，其对应的进项税额不得抵扣。

（二）征收率

小规模纳税人增值税采用简易计税方式，应纳税额=不含税销售额×适用征收率。征收率分为2档：3%和5%。

1. 适用征收率3%

小规模纳税人除下列5%征收率以及其他特殊规定以外，均适用3%的征收率。

2. 适用征收率5%

① 销售不动产及销售土地使用权；

② 不动产租赁服务，以经营租赁方式出租土地使用权；

③ 提供劳务派遣服务、安全保护服务选择差额纳税的。

五、增值税税收优惠

（一）免税规定

《增值税暂行条例》第十五条规定下列项目免征增值税：

（1）农业生产者销售的自产农产品；

（2）避孕药品和用具；

（3）古旧图书；

（4）直接用于科学研究、科学试验和教学的进口仪器、设备；

（5）外国政府、国际组织无偿援助的进口物资和设备；

（6）由残疾人的组织直接进口供残疾人专用的物品；

（7）销售的自己使用过的物品。

除前款规定外，增值税的免税、减税项目由国务院规定。任何地区、部门均不得规定免税、减税项目。

（二）起征点(适用范围限于个人)

个人发生应税行为的销售额未达到起征点的，免征增值税。达到起征点的，全额计算缴纳增值税。起征点不适用于登记为一般纳税人的个体工商户。起征点的幅度规定如下：

（1）按期纳税的，为月销售额10万元，季销售额30万元(含本数)。

（2）按次纳税的，为每次(日)销售额300~500元(含本数)。

小规模纳税人销售额低于10万元的，免征增值税。

六、增值税纳税义务发生时间

（一）销售行为税纳税义务发生时间

《中华人民共和国增值税暂行条例》第十九条第一款第(一)项规定的增值税纳税义务发生时间：销售货物或者应税劳务，为收讫销售款或者取得索取销售款项凭据的当天；先开具发票的，为开具发票的当天。

《中华人民共和国增值税暂行条例实施细则》第三十八条规定为条例第十九条第一款第

(一)项规定的收讫销售款或者取得索取销售款项凭据的当天，按销售结算方式的不同，具体为：

(1) 采取直接收款方式销售货物，不论货物是否发出，均为收到销售款或者取得索取销售款项凭据的当天。

(2) 采取托收承付和委托银行收款方式销售货物，为发出货物并办妥托收手续的当天。

(3) 采取赊销和分期收款方式销售货物，为书面合同约定的收款日期的当天，无书面合同的或者书面合同没有约定收款日期的，为货物发出的当天。

(4) 采取预收货款方式销售货物，为货物发出的当天，但生产销售生产工期超过 12 个月的大型机械设备、船舶、飞机等货物，为收到预收款或者书面合同约定的收款日期的当天。

(5) 委托其他纳税人代销货物，为收到代销单位的代销清单或者收到全部或者部分货款的当天。未收到代销清单及货款的，为发出代销货物满 180 天的当天。

(6) 销售应税劳务，为提供劳务同时收讫销售款或者取得索取销售款的凭据的当天。

(7) 税人发生视同销售货物行为的，为货物移送的当天。

(二) 应税服务增值税纳税义务发生时间

(1) 纳税人提供应税服务并收讫销售款项或者取得索取销售款项凭据的当天；先开具发票的，为开具发票的当天。收讫销售款项，是指纳税人提供应税服务过程中或者完成后收到款项。取得索取销售款项凭据的当天，是指书面合同确定的付款日期；未签订书面合同或者书面合同未确定付款日期的，为应税服务完成的当天。

(2) 纳税人提供有形动产租赁服务采取预收款方式的，其纳税义务发生时间为收到预收款的当天。

(3) 纳税人发生视同提供应税服务的，其纳税义务发生时间为应税服务完成的当天。

七、增值税纳税期限和地点

(一) 增值税纳税期限

《增值税暂行条例》第二十三条规定：增值税的纳税期限分别为 1 日、3 日、5 日、10 日、15 日、1 个月或者 1 个季度。纳税人的具体纳税期限，由主管税务机关根据纳税人应纳税额的大小分别核定；不能按照固定期限纳税的，可以按次纳税。

纳税人以 1 个月或者 1 个季度为 1 个纳税期的，自期满之日起 15 日内申报纳税；以 1 日、3 日、5 日、10 日或者 15 日为 1 个纳税期的，自期满之日起 5 日内预缴税款，于次月 1 日起 15 日内申报纳税并结清上月应纳税款。

扣缴义务人解缴税款的期限，依照前两款规定执行。

《增值税暂行条例》第二十四条规定：纳税人进口货物，应当自海关填发海关进口增值税专用缴款书之日起 15 日内缴纳税款。

(二) 增值税纳税地点

《增值税暂行条例》第二十二条规定：

(1) 固定业户应当向其机构所在地的主管税务机关申报纳税。总机构和分支机构不在同一县(市)的，应当分别向各自所在地的主管税务机关申报纳税；经国务院财政、税务主管部门或者其授权的财政、税务机关批准，可以由总机构汇总向总机构所在地的主管税务机关申报纳税。

(2) 固定业户到外县(市)销售货物或者劳务，应当向其机构所在地的主管税务机关报告外出经营事项，并向其机构所在地的主管税务机关申报纳税；未报告的，应当向销售地或者劳务发生地的主管税务机关申报纳税；未向销售地或者劳务发生地的主管税务机关申报纳税的，由其机构所在地的主管税务机关补征税款。

(3) 非固定业户销售货物或者劳务，应当向销售地或者劳务发生地的主管税务机关申报纳税；未向销售地或者劳务发生地的主管税务机关申报纳税的，由其机构所在地或者居住地的主管税务机关补征税款。

(4) 进口货物，应当向报关地海关申报纳税。

(5) 扣缴义务人应当向其机构所在地或者居住地的主管税务机关申报缴纳其扣缴的税款。

模块二　增值税的计算——税费实训

知识目标	技能目标	素质目标
1. 理解增值税普通电子发票和增值税专用发票计算销项税额的不同。 2. 记住销项税额的计算公式。 3. 认识增值税专用原始凭证。	1. 会分析汇总普票和专票下销售额和销项税。 2. 会进行销售退回、折让下销项税额的计算。 3. 会辨别进项和销项汇总表，并会根据业务进行填制。	1. 树立纳税的意识。 2. 养成谨慎、仔细的职业素养。

任务一　一般纳税人销项税额的计算

知识准备

一、销项税额的概念

是指增值税纳税人销售货物、加工修理修配劳务、服务、无形资产或者不动产，按照销售额和适用税率计算并向购买方收取的增值税税额。

销售额为纳税人发生应税销售行为收取的全部价款和价外费用，但是不包括收取的销项税额和特殊往来款项。

销售额包含的项目	销售额中不包含的项目
a. 包括购买方收取的全部价款； b. 向购买方收取的价外费用； c. 消费税等价内税	a. 向购买方收取的销项税额； b. 特殊的往来款项含：受托加工应征消费税的消费品所代收代缴的消费税，符合条件的代垫运输费，符合条件代收的政府性基金和行政事业性收费，销货同时代办保险收取的保险费、代购买方缴纳的车辆购置税、车辆牌照费等

二、销项税额的计算公式

销项税额=(不含税)销售额×税率

(不含税)销售额=含税销售额÷(1+增值税税率)

在下列情况下一般为含税销售额，需要转换为不含税销售额：

(1) 商业企业零售价；

(2) 普通发票上注明的销售额；

(3) 价税合并收取的金额；

(4) 价外费用一般为含税收入；

(5) 包装物押金一般为含税收入；

(6) 建筑安装合同上的货物金额。

三、销项税额的计算

企业在销售商品的过程中，会根据实际情况，可能开具增值税专用发票，也可能开具增值税普通发票，甚至于不开票。税务机关会根据不同的情况，汇总应核算的销项税额。

(一) 开具增值税发票销项税额的计算

技能准备

开具增值税发票的销售业务属于一般销售方式，在实际工作中，根据客户的需要，可以开具增值税普通发票和增值税专用发票，按照开具的增值税发票进行财务处理，期末对专用发票和普通发票注明的销售额和税额分别汇总，与开票系统的数据分别核对，调整会计核算的四舍五入差异。

【实训任务 2-1】

案例 2-1 以导航中的 A 市海星食品有限公司为例，如果你是小张，首先应对 2023 年 10 月的销售业务进行分析分类，其次分别计算销项税额。

1. 计算销项税额

分析情景寻航中销售业务，将开具发票的销售业务 3 笔，分别对开具的专用发票和普通发票进行分类，分别计算销售金额和销项税额。

第 1 笔开票销售业务：1 日，销售给宏发超市黄桃罐头 3000 罐、橘子罐头 2200 罐、草莓罐头 1900 罐，单价分别为 7 元、3.6 元、5.5 元，货款已收，开具增值税专用发票，税率 13%，发票注明销售金额 39370 元，税额 5118.10 元。

第 11 笔开票销售业务：19 日，销售给鸿飞商贸有限公司黄桃罐头 6500 罐，每罐不含税单价 7 元；草莓罐头 5200 罐，每罐不含税单价 5.5 元；橘子罐头 6000 罐，每罐不含税单价 3.6 元；水蜜桃罐头 4600 罐，每罐不含税单价 5.4 元。由于批量销售，均给予 9.5 折优惠。货款已收，开具增值税专用发票（折扣在发票中以负数表示），税率 13%，发票注明销售金额 114513 元，税额 14886.69 元。

第 15 笔开票销售业务：23 日，零售草莓罐头 210 罐，每罐不含税单价 6 元；橘子罐头 300 罐，每罐不含税单价 4 元。货款已收，开具普通发票，税率 13%，发票注明销售金额 2460 元，税额 319.8 元。

第 1 笔销售业务销售金额 = 39370（元）

销项税额 = 39370×13% = 5118.10（元）

第 11 笔销售业务销售金额 = 114513（元）

销项税额 = 114513×13% = 14886.69（元）

第 15 笔销售业务销售金额 = 2460（元）

销项税额 = 2460×13% = 319.8（元）

专用发票销售金额及税额

专用发票销售金额合计 = 39370+114513 = 153883（元）

专用发票销项税额合计 = 5118.1+14886.69 = 20004.79（元）

普通发票销售金额及税额

普通发票销售金额合计 = 2460（元）

普通发票销项税额合计 = 319.8（元）

2. 销项税额会计处理

增值税纳税申报是按项目分别进行数据填报，因此，在实际工作中，分别按照增值税专用发票和增值税普通发票进行财务处理。

销售的会计分录如下。

专用发票

借：银行存款	44488.1
银行存款	129399.69
贷：主营业务收入	153883
应交税费—应交增值税（销项税额）	20004.79

普通发票

借：银行存款	2779.8
贷：主营业务收入	2460
应交税费—应交增值税（销项税）	319.8

3. 与开票系统的销项税额进行核对

月末，将开具发票的销售业务的财务数据与开票系统的数据进行核对，分别按专用发票和普通发票核对开票张数、开票金额，开票税额如图 2-1、图 2-2 所示。

增值税专用发票汇总表

制表日期：2023-11-01
所属期间：10月第一期
增值税专用发票统计表
增值税发票汇总表（2023年10月）
纳税人识别号：697654923657865331
企业名称：A市海星食品有限公司
地址电话：A市沙坪坝区歌乐山南街23号附1号，电话023-46523388

★ 发票领用存情况 ★

期初库存份数	10	正数发票分数	2	负数发票份数	0
购进发票份数	20	正数废票分数	0	负数废票份数	0
退回发票份数	0	期末库存分数	28	分配发票份数	0
收回发票份数	0				

★ 销项情况 ★

金额单位：元

序号	项目名称	合计	13%
1	销项正废金额		
2	销项正数金额	153883.00	153883.00
3	销项负废金额		
4	销项负数金额		
5	实际销售金额	153883.00	153883.00
6	销项正废税额		
7	销项正数税额	20004.79	20004.79
8	销项负废税额		
9	销项负数税额		
10	实际销项税额	20004.79	20004.79

图2-1

增值税电子普通发票汇总表

制表日期：2023-11-01
所属期间：10月第一期
增值税电子普通发票统计表
增值税发票汇总表（2023年10月）
纳税人识别号：697654923657365331
企业名称：A市海星食品有限公司
地址电话：A市沙坪坝区歌乐山南街23号附1号，电话023-46523388

★ 发票领用存情况 ★

期初库存份数	20	正数发票份数	1	负数发票份数	0
购进发票份数	25	正数废票份数	0	负数废票份数	0
退回发票份数	0	期末库存份数	44	分配发票份数	0
收回发票份数	0				

★ 销项情况 ★

金额单位：元

序号	项目名称	合计	13%
1	销项正废金额		
2	销项正数金额	2460.00	2460.00
3	销项负废金额		
4	销项负数金额		
5	实际销售金额	2460.00	2460.00
6	销项正废税额		
7	销项正数税额	319.80	319.80
8	销项负废税额		
9	销项负数税额		
10	实际销项税额	319.80	319.80

图2-2

【拓展实训 2-1】

宏飞木门有限责任公司为一家小有名气的网红门生产公司，该公司销售业务较为频繁，作为该公司的会计，核算 2023 年 12 月开具发票的销售业务时，请你对该公司开票的销售业务进行分析分类，分别计算销项税额。

(1) 8 日，销售木制木门 KBS-101 型号 500 扇，每扇不含税单价 1200 元，款已收，开具增值税专用发票，税率 13%，发票注明销售金额 600000 元，税额 78000 元。

(2) 14 日，零售网红掌纹门 4 扇，每扇售价 4860 元，货款已收，开具普通发票，税率 13%，发票注明销售金额 19440 元，税额 2527. 2 元。

(3) 18 日，收取 14 日零售网红掌纹门安装费 2260 元。

(4) 22 日，销售树脂单开门防火防开裂 SS7200 型 3000 扇，每扇不含税单价 980 元，已预收款 80000 元，货已发出，开具增值税专用发票，税率 13%，发票注明销售金额 2940000 元，税额 382200 元。

(5) 25 日，赊销树脂单开门防火防开裂 SS7200 型 3 扇，每扇零售价 1200 元。

要求：(1) 分析宏飞木门有限责任公司销售业务，进行发票分类整理。

(2) 分别专用发票和普通发票计算销售金额及税额。

(3) 进行销项税额的会计处理。

(二) 不开具发票销项税额的计算

技能准备

(1) 开具增值税发票的销售业务很多都属于特殊销售方式，我们需要掌握特别销售行为中视同销售收入及销项税额的确认。

(2) 税务核定销售额计征销项税。

如果纳税人发生应税行为的价格明显偏低且没有正当理由的，或者发生了视同销售行为且无销售额的，应由主管税务机关按照下列顺序核定其销售额。

① 按纳税人最近时期同类货物的平均价格确定；

② 按其他纳税人最近时期同类货物的平均销售价格确定；

③ 按照组成计税价格确定。组成计税价格的计算公式为：

$$组成计税价格=成本\times(1+成本利润率)$$

属于应征消费税的货物，其组成计税价格中还应加计消费税额。计算公式为：

$$组成计税价格=成本\times(1+成本利润率)+消费税额$$

公式中的“成本”，若企业是销售自产货物的，应为实际生产成本，销售外购货物的，应为实际采购成本。成本利润率由国家税务总局统一确定为 10%，但同时属于从价定率征收消费税的货物，其成本利润率应按消费税中规定的成本利润率计算。

(3) 未开具增值税发票销项税额的计算。

未开具增值税发票的销售业务，在实际工作中，需要将收取的含税销售金额换算为不含税金额，然后再计算销项税额。

【实训任务 2-2】

案例 2-2 分析情景导航中 A 市海星食品有限公司 2023 年 10 月的未开具发票销售业务 4 笔，分别计算销售金额和销项税额。

1. 计算销项税额

第 3 笔视同销售业务：3 日，为本公司每位职工发放黄桃罐头、草莓罐头、橘子罐头各 2 罐作为国庆福利，本公司共计员工 25 人，黄桃罐头市场售价不含税单价 7 元，草莓罐头市场售价不含税单价 5.5 元，橘子罐头市场售价不含税单价 3.6 元。

第 5 笔未开票销售业务：7 日，在红帆广场进行展览销售，零售出黄桃罐头 142 罐、每罐含税单价 9.5 元，草莓罐头 90 罐、每罐含税单价 7.5 元，橘子罐头 160 罐、每罐含税单价 5 元。货款已收，已开收据。

第 14 笔视同销售业务：21 日，将橘子罐头 3000 罐，捐赠给某贫困县希望小学。

第 16 笔视同销售业务：25 日，将黄桃罐头 3000 罐，每罐不含税单价 6.95 元；草莓罐头 3400 罐，每罐不含税单价 5.45 元；橘子罐头 5000 罐，每罐不含税单价 3.6 元；水蜜桃罐头 6000 罐，每罐不含税单价 5.4 元，交给兰溪商贸代销，采用视同买断的方式。

将未开具发票的销售额换算为不含税销售额，计算销项税额：

第 3 笔视同销售业务销售金额 $=(7+5.5+3.6)\times2\times25=805$(元)

销项税额 $=805\times13\%=104.65$(元)

第 5 笔收据销售业务销售金额 $=(142\times9.5+90\times7.5+160\times5)\div(1+13\%)=2499.12$(元)

销项税额 $=2499.12\times13\%=324.88$(元)

第 14 笔视同销售业务销售金额 $=3000\times3.6=10800$(元)

销项税额 $=10800\times13\%=1404$(元)

第 16 笔视同销售业务销售金额 $=3000\times6.95+3400\times5.45+5000\times3.6+6000\times5.4=89780$(元)

销项税额 $=89780\times13\%=11671.4$(元)

> 未开具发票销售业务销售金额合计：
> $805+2499.12+10800+89780=103884.12$(元)
> 未开具发票销售业务销项税额合计：
> $104.65+324.88+1404+11671.4=13504.93$(元)

2. 视同销售下销项税额会计处理

视同销售的会计分录如下。

借：应付职工薪酬　909.65

　　贷：主营业务收入　805

　　　　应交税费—应交增值税(销项税)　104.65

借：库存现金　2824

　　贷：主营业务收入　2499.12

　　　　应交税费—应交增值税(销项税)　324.88

借：营业外支出　　12204
　　贷：主营业务收入　　10800
　　　　应交税费—应交增值税(销项税)　　1404
借：应收账款　　101451.4
　　贷：主营业务收入　　89780
　　　　应交税费—应交增值税(销项税)　　11671.4

小知识：一般纳税人企业每月必须按时申报与缴纳增值税，在申报增值税时，如果收入已经确认，但由于发票额度不足等原因导致没有开票的部分，也要如实申报收入与增值税，不可漏报。

【拓展实训 2-2】

分析宏飞木门有限责任公司 2023 年 12 月不开具发票的销售业务，请你对该木厂不开票的销售业务进行分析分类，将含税销售额换算为不含税销售额，计算销项税额。

（1）1 日，将自产的树脂单开门防火防开裂 SS7200 型 10 扇赠送给希望小学，该产品成本 560 元每扇，市场售价每扇含税单价 980 元。

（2）6 日，将木制木门 KBS-101 型号委托红星美凯龙海城家私厂代销，采用视同买断的方式，发出木门 100 扇，每扇含税单价 1200 元。

（3）16 日，给职工宿舍全体换新门，树脂单开门｜防火防开裂 SS7200 型 12 扇，该产品成本 560 元每扇，市场售价每扇含税单价 980 元。

（4）22 日，收到星湖公司代销网红掌纹门的代销清单，含税销售额为 428000 元。

（5）24 日，代销城西家具城防盗门 950mm 型号 5 扇，每扇零售价为 1130 元，款已收。

（6）29 日，将 50 扇网红掌纹门用于对 A 企业的投资，每扇门成本价 3100 元，市场零售价 4300 元。

（7）30 日，将本企业新开发的木门 KBS-666 型号 1 扇用于本公司职工宿舍大门，该产品市场上无同类产品售价，该产品成本价为 3600 元。

（8）30 日，将网红掌纹门用于与海航公司进行物资交换，该批网红掌纹 10 扇，每扇作价 2000 元，换回原材料价值 25000 元。

要求：(1)将上述业务中所涉及的金额换算成为不含税销售额。

（2）计算上述业务所涉及的销项税额。

（3）进行销项税额的会计处理。

（三）销售退回、折让下销项税额的计算

知识准备

企业在货物的销售过程中，如果发生退货或要求折让，无论是当月销售的退货与折让，还是以前月份销售的退货与折让，均应冲减当月的主营业务收入，在收到购货单位退回的增值税专用发票或寄来的“证明单”后，分不同情况进行会计处理。

（1）销货全部退回并收到购货方退回的增值税专用发票的“发票联”和“抵扣联”。

（2）销货全部退回并收到购货方转来的“证明单”，应根据“证明单”上所列退货数量、价款和增值税额，开具红字增值税专用发票，并作为冲销当月销售收入和当月销售额的凭据。

（3）销售部分退回，如果销售方尚未登账，应将退回的“发票联”“抵扣联”“记账联”与“存根联”以及所填的记账凭证予以作废，然后按照购买方实收数量、价款和增值税额重新开具增值税专用发票。

（4）如果属于以前月份的销售，应将退回的“发票联”“抵扣联”注明“作废”字样，然后根据购货方实收数量、价款和增值税额重新开具增值税专用发票，作废的“发票联”“抵扣联”与重新开具增值税专用发票的“记账联”可作为冲销当月销售收入和当月销项税额的凭据。

1. 销售退回与销售折让业务的销项税额的计算

实际工作中，当月销售、当月退回的销售业务，只需要将当月开具的发票作废就可以了，上月及以前的销售被退回，如果购货方增值税已经抵扣则需要开具红字发票进行冲减。销售折让，则需要对折让金额开具红字发票。

【实训任务 2-3】

案例 2-3 分析导航中 A 市海星食品有限公司 2023 年 10 月的销售业务，小张发现有销售退回和折让业务 2 笔，分别计算销售金额和销项税额。

第 7 笔销售折让业务：11 日，上月 21 日销售给宏发超市的黄桃罐头 3000 罐因不新鲜不符合标准，决定给予 50%的折让，商品不退回。已按要求开具增值税红字专用发票，发票注明销售金额-10500 元，税额-1365 元。

第 13 笔销售退回业务：21 日，上月 30 日销售给鸿飞商贸有限公司的水蜜桃罐头因质量问题，被全部退回。已按要求开具增值税红字专用发票，发票注明发票金额-23598 元，税额-3067.74 元。

① 销售折让业务：

销售折让业务冲减金额=-10500(元)

销售折让业务冲减税额=-1365(元)

② 销售退回业务：

销售退回业务冲减金额=-23598(元)

销售退回业务冲减税额=-3067.74(元)

③ 销售退回和折让业务冲减额合计：

销售退回和折让业务冲减金额合计=-10500-23598=-34098(元) 销售退回和折让业务冲减税额合计=-1365-3067.74=-4432.74(元)

2. 销售退回、折让下销项税额的会计处理

借：应收账款—宏发超市　　　　-11865

　　　　　　—鸿飞商贸　　　　-26665.74

贷：主营业务收入　　　　　　　　　　　　　　　　　　　　　　　　　−34098

　　应交税费—应交增值税(销项税)　　　　　　　　　　　　　　　　−4432.74

小知识：实际工作中，当月销售、当月退回的销售业务，只需要将当月开具的发票作废就可以了，上月及以前的销售被退回，如果购货方增值税已经抵扣则需要开具红字发票进行冲减。销售折让，则需要对折让金额开具红字发票。

3. 与开票系统的销项税额进行核对(图 2−3)

月末，将开具红字发票的销售业务的财务数据与开票系统的负数发票数据进行核对，包括开票张数、开票金额、开票税额。

增值税专用发票汇总表

制表日期：2023-11-01
所属期间：10 月第一期
增值税专用发票统计表
增值税发票汇总表（2023 年 10 月）
纳税人识别号：697654923657865331
企业名称：A 市海星食品有限公司
地址电话：A 市沙坪坝区歌乐山南街 23 号附 1 号，电话 023-46523388

★ 发票领用存情况 ★

期初库存份数	10	正数发票份数	2	负数发票份数	2
购进发票份数	20	正数废票份数	0	负数废票份数	0
退回发票份数	0	期末库存份数	26	分配发票份数	0
收回发票份数	0				

★ 销项情况 ★

金额单位：元

序号	项目名称	合计	13%
1	销项正废金额		
2	销项正数金额	153883.00	153883.00
3	销项负废金额		
4	销项负数金额	34098.00	34098.00
5	实际销售金额	119785.00	119785.00
6	销项正废税额		
7	销项正数税额	20004.79	20004.79
8	销项负废税额		
9	销项负数税额	4432.74	4432.74
10	实际销项税额	15572.05	15572.05

图 2−3

【拓展实训 2−3】

分析宏飞木门有限责任公司 2023 年 12 月发生的销售退回与销售折让业务，请你分别计算销售退回业务冲减金额与税额和销售折让业务冲减金额与税额。

（1）11 日，8 日所销售的木制木门 KBS−101 型号 500 扇，每扇不含税单价 1200 元，发生质量问题，经双方协定，全数退回。按要求开具增值税红字专用发票。

（2）26 日，因上月 22 日所销售树脂单开门丨防火防开裂 SS7200 型 3000 扇，每扇不含税单价 980 元，发货规格出现问题，经双方协定，给予每扇 50 元的优惠。要求开具增值税红字专用发票。

要求：(1)计算销售退回业务冲减金额与税额。

（2）计算销售折让业务冲减金额与税额。

（3）做出单位销售会计处理。

任务二　一般纳税人进项税额的计算

知识准备

一、准予从销项税额中扣除的进项税额

《增值税暂行条例》第八条规定：纳税人购进货物、劳务、服务、无形资产、不动产支付或者负担的增值税额，为进项税额。

下列进项税额准予从销项税额中抵扣：

（一）从销售方取得的增值税专用发票上注明的增值税额。

（二）从海关取得的海关进口增值税专用缴款书上注明的增值税额。

（三）购进农产品，除取得增值税专用发票或者海关进口增值税专用缴款书外，按照农产品收购发票或者销售发票上注明的农产品买价计算的进项税额，国务院另有规定的除外。进项税额计算公式：

进项税额＝买价×扣除率

（四）自境外单位或者个人购进劳务、服务、无形资产或者境内的不动产，从税务机关或者扣缴义务人取得的代扣代缴税款的完税凭证上注明的增值税额。

准予抵扣的项目和扣除率的调整，由国务院决定。

进项税额的计算公式：

进项税额＝买价×增值税税率

（五）2019 年 6 月，纳税人购进国内旅客运输服务抵扣进项税额的规定。根据《财政部　税务总局　海关总署关于深化增值税改革有关政策的公告》（财政部　税务总局　海关总署公告 2019 年第 39 号）第六条规定，纳税人购进国内旅客运输服务，其进项税额允许从销项税额中抵扣。纳税人取得增值税专用发票的，以发票上注明的税额为进项税额。纳税人未取得增值税专用发票的，暂按照以下规定确定进项税额：

1. 取得增值税电子普通发票的，为发票上注明的税额；

2. 取得注明旅客身份信息的航空运输电子客票行程单的，为按照下列公式计算进项税额：

航空旅客运输进项税额＝（票价＋燃油附加费）÷（1＋9%）×9%

3. 取得注明旅客身份信息的铁路车票的，为按照下列公式计算的进项税额：

铁路旅客运输进项税额＝票面金额÷（1＋9%）×9%

4. 取得注明旅客身份信息的公路、水路等其他客票的，按照下列公式计算的进项税额：

公路、水路等其他旅客运输进项税额＝票面金额÷（1＋3%）×3%

二、不得从销项税额中抵扣的进项税额

《增值税暂行条例》第九条规定，纳税人购进货物、劳务、服务、无形资产、不动产，取得的增值税扣税凭证不符合法律、行政法规或者国务院税务主管部门有关规定的，其进项税额不得从销项税额中抵扣。

《增值税暂行条例》第十条规定：

（一）用于简易计税方法计税项目、免征增值税项目、集体福利或者个人消费的购进货物、劳务、服务、无形资产和不动产；

（二）非正常损失的购进货物，以及相关的劳务和交通运输服务；

（三）非正常损失的在产品、产成品所耗用的购进货物(不包括固定资产)、劳务和交通运输服务；

（四）国务院规定的其他项目。

三、进项税额的计算

纳税人购进货物、劳务、服务、无形资产、不动产等支付或者负担的增值税额，为进项税额。在实际工作中，可以分为两类从销项税额中扣除，一类从税控系统中勾选抵扣，另一类企业自己计算抵扣(如：带有公司员工身份信息的运输服务)。一方面会计人员要将会计核算的增值税抵扣额与税控系统勾选抵扣税额核对，调整会计核算的四舍五入差异，另一方面，企业自己计算抵扣的进项税额，会计人员要仔细计算，然后进行抵扣。

（一）需勾选抵扣的进项税额

技能准备

《国家税务总局关于取消增值税扣税凭证认证确认期限等增值税征管问题的公告》(国家税务总局公告 2019 年第 45 号)规定："增值税一般纳税人取得 2017 年 1 月 1 日及以后开具的增值税专用发票、海关进口增值税专用缴款书、机动车销售统一发票、收费公路通行费增值税电子普通发票，取消认证确认、稽核比对、申报抵扣的期限。纳税人在进行增值税纳税申报时，应当通过本省(自治区、直辖市和计划单列市)增值税发票综合服务平台对上述扣税信息进行用途确认。"

一般纳税人购进货物、劳务、服务、无形资产、不动产等取得的防伪税控系统开具的增值税专用发票，可以根据企业的实际情况进行勾选抵扣。

为了与防伪税控系统勾选抵扣的增值税额核对方便，会计人员可以分别按照增值税专用发票、增值税电子专用发票、机动车销售统一发票、通行费电子发票、海关缴款书等分类汇总计算抵扣的增值税额。

【实训任务 2-4】

案例 2-4 以情境导航中的 A 市海星食品有限公司为例，如果你是小张，首先应对 2023 年 10 月的购进业务进行分析分类，分别计算可以抵扣的进项税额。

1. 进项税额计算

第 2 笔购进业务：2 日，向开心农场购入草莓 3000 斤、每斤 8 元，购入冰冻黄桃 2500

斤、每斤 3 元，冰冻橘子 4000 斤、每斤 2.5 元，货款已付，取得增值税专用发票，税率 9%，发票注明购进金额 41500 元，税额 3735 元。

第 4 笔购进业务：6 日，向洪辰铝制品有限公司购入定制罐头包装罐，每个 0.8 元，共计 30000 个，货款尚未支付，取得增值税专用发票，税率 13%，发票注明购进金额 24000 元，税额 3120 元。

第 9 笔购进业务：15 日，向小规模纳税人红谷陶瓷有限公司购入定制罐头包装罐，每个 0.88 元，共计 20000 个，货款已付，取得税务机关代开增值税专用发票，税率 3%，发票注明购进金额 17600 元，税额 528 元。

第 12 笔业务：20 日，支付上述水果运费 800 元，货款已付，取得增值税专用发票，发票注明金额 800 元，税额 72 元。

> 可勾选认证发票金额合计＝41500+24000+17600+800＝83900(元)
> 可勾选认证发票进项税额合计＝3735+3120+528+72＝7455(元)

2. 需勾选抵扣进项税额的会计处理

第 2 笔	借：原材料	41500	
	应交税费—应交增值税(进项税)	3735	
	贷：银行存款		45235
第 4 笔	借：周转材料—包装物	24000	
	应交税费—应交增值税(进项税)	3120	
	贷：应付账款		27120
第 9 笔	借：周转材料—包装物	17600	
	应交税费—应交增值税(进项税)	528	
	贷：银行存款		18128
第 12 笔	借：销售费用	800	
	应交税费—应交增值税(进项税)	72	
	贷：银行存款		872

3. 勾选认证本月待抵扣增值税专用发票

计算分析情境导航中 2023 年 10 月的购进业务，将需要抵扣的进项税额进行勾选，按照增值税专用发票、增值税电子专用发票、机动车销售统一发票、通行费电子发票、海关缴款书等分类，分别与财务数据进行核对，如图 2-4 所示。

增值税申报进项抵扣汇总

所属月份：2023 年 10 月　　纳税人名称：A 市海星食品有限公司　　纳税识别号：697654923657865331　　单位：元

进项抵扣类型	份数	金额	税额
本期认证相符的增值税专用发票（第 2 行）	4	83900	7455
海关进口增值税缴款书（第 5 行）			
农产品收购发票或者销售发票（第 6 行）			
代扣代缴税收缴款凭着（第 7 行）			
加计扣除农产品进项税额（第 8a 行）			
外贸企业进项税额抵扣证明（第 11 行）			

图 2-4

【拓展实训 2-4】

宏飞木厂 2023 年 12 月发生下列购进业务，请按照所学，进行计算并勾选认证本月可抵扣的进项税额。

（1）3 日，购入热压蒸汽红椿木板材 200 立方米，每立方米 2600 元，松木防腐木 150 立方米，每立方米 1000 元，材料尚未验收入库，款未付，取得增值税专用发票，发票注明购进金额 670000 元，税额 87100 元。

（2）16 日，支付供水局上月水费，取得增值税专用发票，发票注明水费金额 4659. 2 元，税额 419. 33 元。

（3）22 日，向小规模纳税人购入胡桃木 50 立方米，取得税务机关代开增值税专用发票，发票上注明购入金额 150000，税额 4500 元。

（4）29 日，向洪辰木业购入红椿木板材 200 立方米，每立方米 2590 元，胡桃木 20 立方米，每立方米 3000 元，取得增值税专用发票，发票注明价款 578000 元，注明税款 75140 元。

要求：(1) 计算上述业务的进项税额。

（2）在增值税申报进项税抵扣汇总表中进行勾选认证。

（3）做出会计处理。

（二）需企业自行计算抵扣的进项税额

技能准备

纳税人取得不同的运输服务票据，其进项税额的计算方法有所不同。旅客运输服务的进项抵扣需关注以下六个方面：

（1）该政策仅适用于国内旅客运输服务。

（2）除增值税专用发票或电子普通发票外，其他旅客运输服务扣税凭证，必须注明旅客身份信息，方可计税抵扣，手写无效。

（3）因民航发展基金属于政府性基金，不计入航空企业的营业收入，故航空运输服务可抵扣进项税额的计算基数不包括民航发展基金。

（4）旅客运输服务进项抵扣需符合进项税额抵扣的基本规定，如用于免税、简易计税等项目的旅客运输服务，其进项税额不得抵扣。

（5）旅客运输服务必须是与本单位建立合法用工关系人员发生的。

（6）票据必须是 2019 年 4 月 1 日之后取得的。

【实训任务 2-5】

案例 2-5 以情境导航中的 A 市海星食品有限公司为例，首先分析整理 2023 年 10 月可以自行计算抵扣的购进业务，分别计算抵扣的进项税额。

1. 进项税额计算

第 6 笔农产品收购业务：10 日，向农民个人购入草莓 2000 斤、每斤含税价 8 元，购入水蜜桃 3600 斤、每斤含税价 5. 8 元，开具收购发票，现金付讫。

第 10 笔旅客运输服务业务：16 日，前出差小王返回单位，报销差旅费，其中火车票往返共计 872 元，业务招待费合计 1200 元，取得增值税普通发票，单位现金付讫。

第 6 笔农产品收购业务：购进金额 =(2000×8+3600×5.8)= 36880(元)

进项税额 = 36880×9% = 3319.2(元)

第 10 笔旅客运输服务业务：2 张火车票金额 = 872÷(1+9%)= 800(元)

进项税额 = 800×9% = 72(元)

结合实训任务 2-4，本公司 10 月份可抵扣的总金额和总进项税额如下：

可抵扣总金额 = 83900+36880+800 = 121580(元) 可抵扣总进项税额 = 7455+3319.2+72 = 10846.2(元)

2. 自行计算抵扣进项税额的会计处理

第 6 笔	借：原材料	36880	
	应交税费—应交增值税(进项税)	3319.2	
	贷：库存现金		40199.2
第 10 笔	借：管理费用	2000	
	应交税费—应交增值税(进项税)	72	
	贷：库存现金		2072

【拓展实训 2-5】

宏飞木门有限责任公司 2023 年 12 月，关于发生可以自行计算抵扣的购进业务如下，请你分别计算可抵扣的进项税额。

(1) 23 日，业务员张浩博进入林场，向农民私人收购胡桃木 30 立方米，共计支付款项 90000 元。

(2) 25 日，张浩博报销差旅费，共计 2156 元，其中往返动车火车票共计 986 元。

要求：(1) 计算上述业务的可抵扣进项税额。

(2) 进行会计处理。

四、不得从销项税额中抵扣的进项税额的计算

技能准备

(1) 取得普通发票或者取得的增值税扣税凭证不符合法律法规规定，该进项税额不得抵扣。

(2) 企业外购的货物、服务等，用于非增值税应税项目、集体福利和个人消费，其已抵扣的进项税额要通过“应交税费—应交增值税(进项税额转出)”进行核算，不予抵扣。

(3) 已购入的货物发生非正常损失(不含自然灾害)，其已抵扣的进项税额要通过“应交税费—应交增值税(进项税额转出)”进行核算，不予抵扣。

【实训任务 2-6】

案例 2-6 分析情境导航中的 A 市海星食品有限公司 2023 年 10 月的购进业务，将 4

笔不得从销项税额中抵扣的业务重新进行财务处理。

1. 不得抵扣进项税额计算

第 8 笔业务：12 日，将外购的草莓每人发放 5 斤，每斤成本 8 元，作为福利发放给职工，本公司共计职工 25 人。

第 17 笔业务：30 日，进行财产清点，本公司因管理不善造成的草莓毁损 100 斤，每斤单价 7 元。

税额核对：

第 8 笔用于个人消费不得抵扣金额 = 5×8×25×13% = 130(元)

第 17 笔非正常损失不得抵扣金额 = 100×7×13% = 91(元)

不得抵扣进项税额合计如下：

不得抵扣进项税额 = 130+91 = 221(元)

2. 进项税额不得抵扣的会计处理

第 8 笔	借：应付职工薪酬—职工福利	1130	
	贷：原材料		1000
	应交税费—应交增值税(进项税额转出)		130
第 17 笔	借：待处理财产损溢	791	
	贷：原材料		700
	应交税费—应交增值税(进项税额转出)		91

【拓展实训 2-6】

宏飞木门有限责任公司 2023 年 12 月发生下列进项税额不可抵扣的业务，请你对其进行分析计算，核算出其不可抵扣进项税额，并进行会计处理。

(1) 5 日，上月所购热压蒸汽红椿木板材，因保管员保管不善，发生火灾，毁损 2. 3 立方米，每立方米成本 2620 元。

(2) 11 日，将上月购入的暖手炉(进项税额已抵扣)发放给职工作福利，该暖手炉 25 元一个，共计发放 53 个。

(3) 19 日，取得运费发票价款 4000 元，税款 360 元，经税务机关认证，不符，不予抵扣。

(4) 30 日，购入一批木材，取得增值税专用发票，价款 80000 万元，用于生产免税产品，无偿进行国际援助。

要求：(1)核算上述业务中不可抵扣的进项税额。

(2) 做出相关会计处理。

任务三　一般纳税人应纳税额的计算

期末，根据核算的增值税销项税额、进项税额、不予抵扣的进项税额、留抵税额，计算本期应纳税额，编制增值税应纳税额计算表，填制记账凭证。其计算公式：

本期增值税应纳税额=本期销项税额-(本期进项税额-本期进项税额转出)-留抵税额

【实训任务 2-7】

案例 2-7 分析情境导航中的 A 市海星食品有限公司 2023 年 10 月的涉税业务，按照案例 2-1~2-6 的计算结果，计算本期应纳税额。

1. 本期应纳税额计算

专用发票销售额=199983-80198=119785(元)

专用发票销项税额=25997.79-10425.74=15572.05(元)

普通发票销售额=2460(元)

普通发票的销项税额=319.8(元)

未开具发票的销售额=103884.12(元)

未开具发票的销项税额=13504.93(元)

进项税认证相符的发票张数=4(张)

进项税认证相符的发票金额=83900(元)

认证相符的进项税税额=7455(元)

企业其他扣税凭证金额=36880(元)

企业旅客运输服务扣税凭证=72(元)

不得抵扣进项税额=130+91=221(元)

本期应纳税额=(15572.05+319.8+13504.93)-(7455+3319.2+72-221)-0=18771.58(元)

2. 编制增值税应纳税额计算表(如图 2-5 所示)

本期增值税应纳税额计算表

2023年12月31日　　单位：元

<table>
<tr><td rowspan="2">本期销项税额</td><td>增值税专用发票税额</td><td>其他发票税额</td><td>未开票税额</td><td>纳税检查调整</td><td>合计</td></tr>
<tr><td>15572.05</td><td>319.8</td><td>13504.93</td><td>0</td><td>29396.78</td></tr>
<tr><td rowspan="2">本期进项税额</td><td>勾选抵扣专用发票税额</td><td>其他扣税凭证税额</td><td>购建不动产扣税凭证税额</td><td>旅客运输服务扣税凭证税额</td><td>合计</td></tr>
<tr><td>7455</td><td>3319.2</td><td>0</td><td>72</td><td>10846.2</td></tr>
<tr><td rowspan="2">本期进项税转出额</td><td>免税项目</td><td>集体福利、个人消费</td><td>非正常损失</td><td>留抵税额</td><td>合计</td></tr>
<tr><td>0</td><td>130</td><td>91</td><td>0</td><td>221</td></tr>
<tr><td colspan="5">本期应纳税额</td><td>18771.58</td></tr>
</table>

图 2-5

3. 本期增值税应纳税额会计处理

借：应交税费—应交增值税(转出未交增值税)　　18735.05

　　贷：应交税费—未交增值税　　18735.05

小组讨论：如果本期增值税应纳税额计算为负数，如何理解？会计如何处理？

【拓展任务 2-7】

根据拓展任务 2-1~2-6，按照专用发票销售额、专用发票销项税额、普通发票销售额、普通发票的销项税额、未开具发票的销售额、销售退回折让销售额、销售退回折让销项税、符合认证的发票金额、符合认证的进项税税额进行罗列，计算宏飞木门有限责任公司 2023 年 12 月应纳税额。

模块三　增值税纳税申报表的填制——技能填制

知识目标	技能目标	素质目标
1. 知道增值税纳税申报表及其附表。 2 了解增值税纳税申报表填制的顺序与数据之间的关系。	1. 会填制附表一。 2. 会填制附表二。 3. 会根据附表数据填制增值税纳税申报表主表。	1. 理解各数据之间的勾稽关系，养成会计人员严谨的工作态度。 2. 在纳税申报的过程中保持会计人谨慎的工作作风。

知识准备

一、增值税纳税申报概述

纳税申报是税务机关税收管理信息的主要来源和税务管理的一项重要制度，各个税种都需要纳税申报，增值税纳税申报表是纳税人进行增值税纳税申报义务时，所需要填写并提交的税费申报表。增值税纳税申报表可分为：《增值税纳税申报表(适用于一般纳税人)》《增值税纳税申报表(适用于小规模纳税人)》。

二、增值税一般纳税人纳税申报表及其附列资料

(一)《增值税及附加税费申报表(一般纳税人适用)》

本表栏次分为四块内容，分别是销售额、税款计算、税款缴纳、附加税费。销售额包括企业按适用税率计税销售额，按简易办法计税销售额，免、抵、退办法出口销售额，免

税销售额。税款计算主要是对应纳税额合计的计算过程。税款缴纳主要对本期应补(退)税额的计算过程，附加税费另行单独讲述。

填写本表格之前，应先填写并保存全部附列资料表格，再填写并保存本表格。

(二)《增值税及附加税费申报表附列资料(一)(本期销售情况明细)》

本表主要用于销售收入和销项税额的填报，表格包括一般计税方法计税、简易计税方法征税、免抵退税、免税四大内容。分别从开具增值税专用发票、开具其他发票、未开具发票、纳税检查调整等五个方面进行填报。

填写本表格时，如本月有服务、不动产和无形资产扣除项目，需先填写并保存《增值税及附加税费申报表附列资料(三)(服务、不动产和无形资产扣除项目明细)》，然后再填写并保存本表格。

(三)《增值税及附加税费申报表附列资料(二)(本期进项税额明细)》

本表主要反映进项税额的抵扣情况，表格包括申报抵扣的进项税额、进项税额转出额、待抵扣进项税额、其他四大内容。

申报抵扣的进项税额分别从本期认证相符的增值税专用发票、其他扣税凭证、本期用于构建不动产的扣税凭证、本期用于抵扣的旅客运输服务扣税凭证、外贸企业进项税额抵扣证明五个方面进行填列。

进项税额转出额指各项按规定不能抵扣的进项税额转出项目。

待抵扣进项税额指认证相符未申报抵扣的增值税专用发票和其他扣税凭证。

(四)《增值税及附加税费申报表附列资料(三)(服务、不动产和无形资产扣除项目明细)》

本表主要用于服务、不动产和无形资产扣除项目的明细填报，本表包括本期服务、不动产和无形资产价税合计额(免税销售额)，服务、不动产和无形资产扣除项目两个部分。

填写本表前，应先填写《增值税及附加税费申报表附列资料(一)(本期销售情况明细)》，然后再填写本表并保存。

(五)《增值税及附加税费申报表附列资料(四)(税额抵扣情况表)》

本表主要用于税额抵减情况填报，本表包括税额抵减情况和加计抵减情况两个部分内容。

税额抵减情况分别从增值税税控系统专用设备费及技术维护费、分支机构预征缴纳税款、建筑服务预征缴纳税款、销售不动产预征缴纳税款、出租不动产预征缴纳税款五个方面进行填列。

加计抵减项目分别从一般项目加计抵减额计算和即征即退项目加计抵减额计算两个方面进行填列。

(六)《增值税及附加税费申报表附列资料(五)(附加税费情况表)》

本表填写主表后，数据自动获取。本表另行单独讲述。

(七)《增值税减免税申报明细表》

本表如无减免项目，无须填列，禁止空表保存。

任务一　填制增值税纳税申报表附表(一)

【实训任务 2-8】

案例 2-8　分析情境导航中的 A 市海星食品有限公司 2023 年 10 月的涉税业务，按照案例 2-1、案例 2-2、案例 2-3 的计算结果分析，此表格只需填列一般计税方法计税中“全部征税项目”第 1 行第 1~6 列，9~10 列。

1. 数据填列说明

(1) 第 1~2 列“开具增值税专用发票”：反映本期开具增值税专用发票(含税控机动车销售统一发票，下同)的情况。

(2) 第 3~4 列“开具其他发票”：反映除增值税专用发票以外本期开具的其他发票的情况。

(3) 第 5~6 列“未开具发票”：反映本期未开具发票的销售情况。

(4) 第 9~10 列“合计”：按照表中所列公式填写。

2. 数据填报

如表 2-1 所示，以情境导航公司的数据为例。

3. 与税务系统数据核对

小组活动：增值税及附加税费申报表附列资料(一)其他数据的填列说明及意义，以小组为单位自行搜索网址学习，制作 PPT 分享。

【拓展任务 2-8】

根据拓展任务 2-1 ~ 2-3 的计算结果分析，自行分析并完成增值税纳税申报表附表(一)——本期销售情况明细的填制。

任务二　填制增值税纳税申报表附表(二)

【实训任务 2-9】

案例 2-9　分析情境导航中的 A 市海星食品有限公司 2023 年 10 月的涉税业务，按照案例 2-4~2-6 的计算结果分析，此表格需填列“申报抵扣的进项税额”内容中第 1 ~ 2 栏次、第 4 栏次、第 6 栏次、第 10 栏次、第 12 栏次。“进项税额转出额”内容中第 13 栏次、第 15 栏次、第 16 栏次。“其他”内容中第 35 栏次。

1. 数据填列说明

“一、申报抵扣的进项税额”第 1 ~ 12 栏：分别反映纳税人按税法规定符合抵扣条件，在本期申报抵扣的进项税额。

表 2-1 增值税及附加税费申报表附列资料(一)

(本期销售情况明细)

纳税人名称：A 市海星食品有限公司　　　　税款所属时间：2023-10-01 至 2023-10-31 金额单位：元至角分

项目及栏次				开具增值税专用发票		开具其他发票		未开具发票		纳税检查调整		合计			服务、不动产和无形资产扣除项目本期实际扣除金额	扣除后	
				销售额	销项(应纳)税额	销售额	销项(应纳)税额	销售额	销项(应纳)税额	销售额	销项(应纳)税额	销售额	销项(应纳)税额	价税合计		含税(免税)销售额	销项(应纳)税额
				1	2	3	4	5	6	7	8	9=1+3+5+7	10=2+4+6+8	11=9+10	12	13=11-12	14=13÷(100%+税率或征收率)×税率或征收率
一、一般计税方法计税	全部征税项目	13%税率的货物及加工修理修配劳务	1	119785.22	15572.05	2460.00	319.8	103884.12	13504.93			226126.12	29396.78				
		13%税率的服务、不动产和无形资产	2														
		9%税率的货物及加工修理修配劳务	3														
		9%税率的服务、不动产和无形资产	4														
		6%税率	5														
	其中：即征即退项目	即征即退货物及加工修理修配劳务	6														
		即征即退服务、不动产和无形资产	7														
二、简易计税方法计税	全部征税项目	6%征收率	8														
		5%征收率的货物及加工修理修配劳务	9														
		5%征收率的服务、不动产和无形资产	9b														
		4%征收率	10														

续表

项目及栏次				开具增值税专用发票		开具其他发票		未开具发票		纳税检查调整		合计			服务、不动产和无形资产扣除项目本期实际扣除金额	扣除后	
				销售额	销项（应纳）税额	销售额	销项（应纳）税额	销售额	销项（应纳）税额	销售额	销项（应纳）税额	销售额	销项（应纳）税额	价税合计		含税（免税）销售额	销项(应纳)税额
				1	2	3	4	5	6	7	8	9=1+3+5+7	10=2+4+6+8	11=9+10	12	13=11-12	14=13÷(100%+税率或征收率)×税率或征收率
二、简易计税方法计税	全部征税项目	3%征收率的货物及加工修理修配劳务	11														
		3%征收率的服务、不动产和无形资产	12														
		预征率 0.0000%	13a														
		预征率 0.0000%	13b														
		预征率 0.0000%	13c														
	其中：即征即退项目	即征即退货物及加工修理修配劳务	14														
		即征即退服务、不动产和无形资产	15														
三、免抵退税		货物及加工修理修配劳务	16														
		服务、不动产和无形资产	17														
四、免税		货物及加工修理修配劳务	18														
		服务、不动产和无形资产	19														

第 1 栏“(一)认证相符的增值税专用发票”：反映纳税人取得的认证相符本期申报抵扣的增值税专用发票的情况。该栏应等于第 2 栏“本期认证相符且本期申报抵扣”与第 3 栏“前期认证相符且本期申报抵扣”数据之和。

第 2 栏“其中：本期认证相符且本期申报抵扣”：反映本期认证相符且本期申报抵扣的增值税专用发票的情况。本栏是第 1 栏的其中数，本栏只填写本期认证相符且本期申报抵扣的部分。

适用取消增值税发票认证规定的纳税人，当期申报抵扣的增值税发票数据，也填报在本栏中。

第 6 栏“农产品收购发票或者销售发票”：反映纳税人本期购进农业生产者自产农产品取得(开具)的农产品销售发票或收购发票及从小规模纳税人处购进农产品时取得增值税专用发票情况。

执行农产品增值税进项税额核定扣除办法的，填写当期允许抵扣的农产品增值税进项税额，不填写“份数”“金额”。

第 10 栏“(四)本期用于抵扣的旅客运输服务扣税凭证”：反映纳税人购进国内旅客运输服务，未取得增值税专用发票的申报抵扣税额情况。

第 12 栏“当期申报抵扣进项税额合计”：反映本期申报抵扣进项税额的合计数。按表中所列公式计算填写。

“二、进项税额转出额”第 13~23 栏各栏：分别反映纳税人已经抵扣但按规定应在本期转出的进项税额明细情况。

第 13 栏“本期进项税额转出额”：反映已经抵扣但按规定应在本期转出的进项税额合计数。按表中所列公式计算填写。

第 15 栏“集体福利、个人消费”：反映用于集体福利或者个人消费，按规定应在本期转出的进项税额。

第 16 栏“非正常损失”：反映纳税人发生非正常损失，按规定应在本期转出的进项税额。

“四、其他”第 35~36 栏各栏：

第 35 栏“本期认证相符的增值税专用发票”：反映本期认证相符的增值税专用发票的情况。

2. 数据填报(如表 2-2 所示)

表 2-2　增值税及附加税费申报表附列资料(二)

本期进项税额明细

税款所属时间：2023 年 10 月 01 日至 2023 年 10 月 31 日

纳税人名称：A 市海星食品有限公司　　　　金额单位：元至角分

一、申报抵扣的进项税额				
项目	栏次	份数	金额	税额
(一) 认证相符的增值税专用发票	1=2+3	4	83900.00	7455.00
其中：本期认证相符且本期申报抵扣	2	4	83900.00	7455.00

续表

前期认证相符且本期申报抵扣	3			
(二)其他抵扣凭证	4=5+6+7+8a+8b		36880.00	3319.20
其中：海关进口增值税专用缴款书	5			
农产品收购发票或者销售发票	6	1	36880.00	3319.20
代扣代缴税收缴款凭证	7			
加计扣除农产品进项税额	8a			
其他	8b			
(三)本期用于构建不动产的扣税凭证	9			
(四)本期用于抵扣的旅客运输服务扣税凭证	10	2	800.00	72.00
(五)外贸企业进项税额抵扣证明	11			
当期申报抵扣进项税额合计	12=1+4+11	7	121580.00	10846.20

二、进项税额转出额

项目	栏次	税额
本期进项税额转出额	13=14至23之和	221.00
其中：免税项目用	14	
集体福利、个人消费	15	130.00
非正常损失	16	91.00
简易计税方法征税项目用	17	
免抵退税办法不得抵扣的进项税额	18	
纳税检查调减进项税额	19	
红字专用发票信息表注明的进项税额	20	
上期留抵税额抵减欠税	21	
上期留抵税额退税	22	
异常凭证转出进项税额	23a	
其他应作进项税额转出的情形	23b	

三、待抵扣进项税额

项目	栏次	份数	金额	税额
(一)认证相符的增值税专用发票	24			
期初已认证相符但未申报抵扣	25			
本期认证相符且本期未申报抵扣	26			
期末已认证相符但未申报抵扣	27			
其中：按照税法规定不允许抵扣	28			
(二)其他扣税凭证	29=30至33之和			

续表

其中：海关进口增值税专用缴款书	30			
农产品收购发票或者销售发票	31			
代扣代缴税收缴款凭证	32			
其他	33			
Hmc34	34			

四、其他

项目	栏次	份数	金额	税额
本期认证相符的增值税专用发票	35	4	83900.00	7455.00
代扣代缴税额	36			

小组活动：增值税及附加税费申报表附列资料(二)其他数据的填列说明及意义，以小组为单位自行搜索网址学习，制作PPT分享。

3. 与税务系统数据核对

【拓展任务2-9】

根据拓展任务2-4~2-6的计算结果分析，自行分析并完成增值税纳税申报表附表(二)—本期进项税额明细的填制。

任务三　填制增值税纳税申报表(主表)

【实训任务2-10】

案例2-10　分析情境导航中的A市海星食品有限公司2023年10月的涉税业务，按照案例2-1~2-6的计算结果分析，此表格只需要填写一般项目，不需要填写即征即退项目。即填列“销售额”内容中第1~2栏次。“税款计算”内容中第11栏次、第12栏次、第14栏次、第17栏次、第18栏次、第19栏次。“税款缴纳”内容中第34栏次。

1. 数据填列说明

(1)“销售额”部分。

第1栏：反映纳税人取得的认证相符本期申报抵扣的增值税专用发票的情况。该栏应等于第2栏“本期认证相符且本期申报抵扣”与第3栏“前期认证相符且本期申报抵扣”“纳税检查调整的销售额”数据之和。

第2栏“其中：应税货物销售额”：填写纳税人本期按适用税率计算增值税的应税货物的销售额。包含在财务上不作销售但按税法规定应缴纳增值税的视同销售货物和价外费用销售额，以及外贸企业作价销售进料加工复出口货物的销售额。

(2)“税款计算”部分。

第11栏“销项税额”：填写纳税人本期按一般计税方法计税的货物、劳务和服务、不动产、无形资产的销项税额。

第 12 栏“进项税额”：填写纳税人本期申报抵扣的进项税额。

第 14 栏“进项税额转出”：填写纳税人已经抵扣，但按税法规定本期应转出的进项税额。

第 17 栏“应抵扣税额合计”：填写纳税人本期应抵扣进项税额的合计数。按表中所列公式计算填写。

第 19 栏“应纳税额”：反映纳税人本期按一般计税方法计算并应缴纳的增值税额。

第 24 栏“应纳税额合计”：反映纳税人本期应缴增值税的合计数。按表中所列公式计算填写。

第 34 栏“本期应补(退)税额”：反映纳税人本期应纳税额中应补缴或应退回的数额。按表中所列公式计算填写。

2. 数据填报(如表 2-3 所示)

表 2-3　增值税及附加税费申报表

(一般纳税人适用)

税款所属期：自 2023 年 10 月 01 日至 2023 年 10 月 31 日

填表日期：2023 年 11 月 01 日　　　　　　　　　　　　　金额单位：元至角分

纳税人识别号：697654923657865331

纳税人名称：A 市海星食品有限公司	法定代表人姓名：		注册地址：		生产经营地址：	
开户银行和账号		登记注册类型		电话号码		

项目		栏次	一般项目		即征即退项目	
			本月数	本年累计	本月数	本年累计
销售额	(一)按适用税率计算销售额	1	226126.12			
	其中：应税货物销售额	2	226126.12			
	应税劳务销售额	3				
	纳税检查调整的销售额	4				
	(二)按简易办法计税销售额	5				
	其中：纳税检查调整的销售额	6				
	(三)免、抵、退办法出口销售额	7				
	(四)免税销售额	8				
	其中：免税货物销售额	9				
	免税劳务销售额	10				
税款计算	销项税额	11	29396.78			
	进项税额	12	10846.2			
	上期留抵税额	13				
	进项税额转出	14	221.00			
	免、抵、退应退税额	15				

续表

税款计算	按适用税率计算的纳税检查应补缴税额	16				
	应抵扣税额合计	17＝12+13-14-15+16	10625.2			
	实际抵扣税额	18（如 17，<11，则为 17，否则为 11）	10625.2			
	应纳税额	19＝11-18	18771.58			
	期末留抵税额	20＝17-18				
	简易计税办法计算的应纳税额	21				
	按简易计税办法计算的纳税检查应补缴税额	22				
	应纳税额减征额	23				
	应纳税额合计	24＝19+21-23	18771.58			
税款缴纳	期初未缴税额（多缴为负数）	25				
	实收出口开具专用缴款书退税额	26				
	本期已缴税额	27＝28+29+30+31				
	分次预缴税额	28				
	出口开具专用缴款书预缴税额	29				
	本期缴纳上期应纳税额	30				
	本期缴纳欠缴税额	31				
	期末未缴税额（多缴为负数）	32＝24+25+26-27				
	其中：欠缴税额（≥0）	33＝25+26-27				
	本期应补（退）税额	34＝24-28-29	18771.58			
	即征即退实际退税额	35				
	期初未缴查补税额	36				
	本期入库查补税额	37				
	期末未缴查补税额	38＝16+22+36-37				
附加税费	城市维护建设税本期应补（退）税额	39				
	教育费附加本期应补（退）费额	40				
	地方教育费附加本期应补（退）费额	41				

声明：此表是根据国家税收法律法规及相关规定填写的，本人（单位）对填报内容及附带资料的真实性、可靠性、完整性负责。

纳税人（签章）：

受理税务机关（章）： 受理人： 受理日期：

3. 与税务系统数据核对

【拓展任务 2-10】

根据拓展任务 2-8、2-9 的填列内容，自行分析并完成增值税纳税申报表(主表)的填制。

模块四　增值税纳税智能申报——一键申报

知识目标	技能目标	素质目标
1. 知道智能报税的网址。 2. 知道智能申报增值税的流程，先报附表再报主表。	1. 会进行增值税纳税申报表附表的申报。 2. 会进行增值税纳税申报表主表和附加税的申报。	会计人员要提高专业技能，能准确、如实进行税务申报。

任务一　一般纳税人增值税纳税智能申报

【实训任务 2-11】

案例 2-11　以情境导航中的 A 市海星食品有限公司 2023 年 10 月的涉税业务为例，按照案例 2-1~2-6 的计算结果，讲解申报流程。

操作步骤：

第一步，登录电子税务局，点击“我要办税”—“税费申报”—“增值税及附加税(费)申报(一般纳税人适用)”，选择“填表申报”进入纳税申报表。

第二步，填制纳税申报表。

选择“附表一”，自动获取已开具发票数据，补充填制未开具发票销售额及销项税额，与税控开票系统核对，调整四舍五入差异，填表完毕，点击“保存”。具体见图 2-6。

选择“附表二”，自动获取已认证发票数据，补充填制农产品购进票据张数、金额及税额、旅客运输凭证张数、金额及税额、进项税额转出税额。填表“完毕”，点击保存。具体见图 2-7。

选择“增值税及附加税申报表(一般纳税人适用)”，点击“重新关联取数”获取已填列销售及购进数据，由于有未开具发票销售额，表行二应税货物销售额不能自动获取正确金额，需自行修改与表行一金额一致，认证核对表中数据，确认无误，点击“保存”。

选择“附加税申报表”，主表保存后附加税申报表将自动获取数据，点击“保存”。

选择“主表”，自动获取附加税数据，重新保存，点击“申报”。具体见图 2-8。

图 2-6

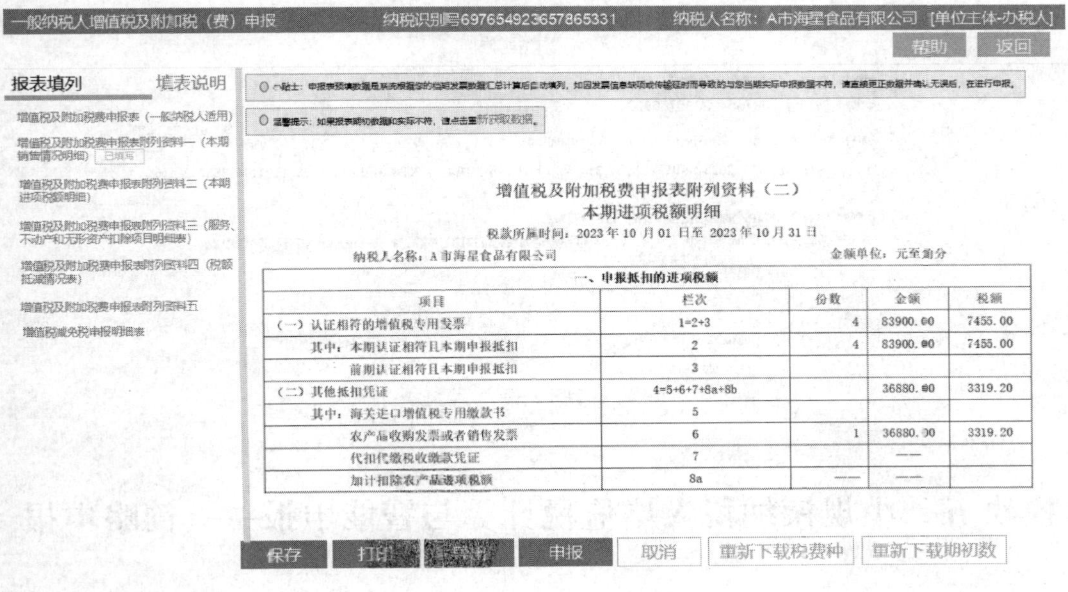

图 2-7

申报成功后，点击“常用功能”“税费缴纳”“扣税(费)款”，勾选缴税项目，点击“三方协议扣款”，确定并扣款成功。具体见图 2-9。

【拓展任务 2-11】

根据上述拓展业务的填制结果，登录电子税务系统，进行增值税纳税智能申报。

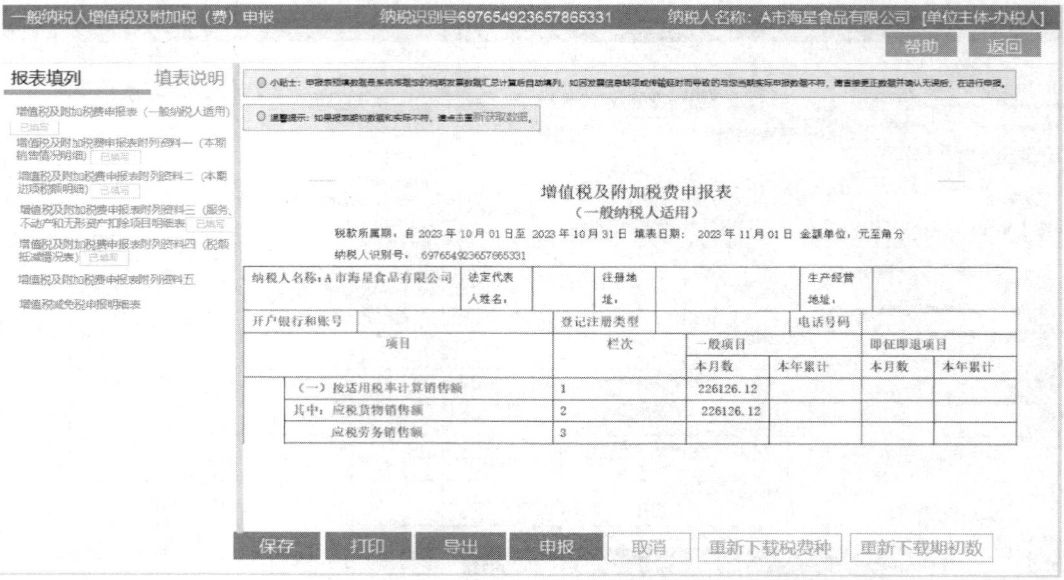

图 2-8

图 2-9

模块五　小规模纳税人增值税计算与智能申报——简略申报

知识目标	技能目标	素质目标
1. 能判断小规模纳税人的标准。 2. 能熟记小规模纳税人的征收率。	1. 会进行小规模纳税人应纳税额的计算。 2. 会进行小规模纳税人纳税申报表的填制与申报。	填制过程中养成严谨、诚信的职业品德。

任务一　背景知识——税制认识

知识准备

一、小规模纳税人概述

小规模纳税人的计税方法适用简易计税方法。简易计税方法的应纳税额，是指按照不含增值税的销售额和增值税征收率计算的增值税额，不得抵扣进项税额。

二、小规模纳税人应纳税额的计算

《增值税暂行条例》第十一条规定：小规模纳税人发生应税销售行为，实行按照销售额和征收率计算应纳税额的简易办法，并不得抵扣进项税额。应纳税额计算公式：

应纳税额=销售额×征收率

简易计税方法的销售额不包括其应纳税额，纳税人采用销售额和应纳税额合并定价方法的，按照下列公式将含增值税的销售额转换为不含增值税的销售额：

不含税销售额=含税销售额÷(1+征收率)

小规模纳税人的标准由国务院财政、税务主管部门规定。

《增值税暂行条例》第十二条规定：小规模纳税人增值税征收率为3%，国务院另有规定的除外。

小知识：自2023年1月1日，月销售额10万元以下(含本数)的增值税小规模纳税人，免征增值税。增值税小规模纳税人适用3%征收率的应税销售收入，减按1%征收率征收增值税。

小规模纳税人提供应税服务适用简易计税方法计税。其发生应税行为时，只能开具普通发票，或者申请由税务部门代开增值税专用发票。其购进行为不论是否取得专用发票均不得抵扣进项税额。

任务二　小规模纳税人增值税的计算——税费实训

知识准备

小规模纳税人不得抵扣进项税，仅需按不含税销售额计征增值税。

【实训任务2-12】

小规模纳税人应纳增值税额的计算。

海丰制造有限公司为小规模纳税人，纳税识别号：50073420789987525A，地址：B省眉山市峨眉路23号附3-1，电话：0836-5645833。请分析2023年10月发生的经济业务，计算当月应缴纳的增值税额。

（1）13 日，购入 RR 材料一批，单价 50 元，共计 3000 千克，货款尚未支付，取得增值税普通发票。

（2）15 日，支付上月水费 1650 元，取得增值税普通发票。

（3）16 日，出售一批 YY 产品 500 件，单价 126 元，货款已收，开具增值税普通发票，发票注明销售金额 63000 元，税额 1890 元。

（4）18 日，支付上月电费 5210 元，取得增值税普通发票。

（5）26 日，销售 YY 产品 550 件，单价 116 元，委托税务大厅代开增值税专用发票，发票注明销售金额 63800 元，税额 1914 元，款已收。

（6）29 日，零售 YY 产品 6 件，单价 130 元，未开具发票，现金收讫。

1. 增值税计算：

普通发票销售金额＝63000（元）
普通发票销项税额＝1890（元）
代开专用发票销售金额＝63800（元）
代开专用发票销项税额＝1914（元）
未开具发票销售金额＝（6×130）÷（1+3%）＝757.28（元）
未开具发票的销项税额＝757.28×3%＝22.72（元）
销售总金额＝63000+63800+757.28＝127557.28（元）
应纳增值税额＝1890+1914+22.72＝3826.72（元）

2. 会计处理

销售业务进行汇总处理

借：银行存款　　130604
　　库存现金　　780
　　贷：主营业收入　　127557.28
　　　　应交税费—应交增值税　　3826.72

3. 与开票系统的销项税额核对（如图 2-10 所示）

核对普通发票的开票张数、开票金额、开票税额。

增值税电子普通发票汇总表

制表日期：2023-11-01
所属期间：10 月第一期
增值税电子普通发票统计表
增值税发票汇总表（2023 年 10 月）
纳税人识别号：50073420789987525A
企业名称：海丰制造公司
地址电话：B 省眉山市峨眉路 23 号附 3—1，0836-5645833

★ 发票领用存情况 ★

期初库存份数	05	正数发票份数	02	负数发票份数	0
购进发票份数	10	正数废票份数	0	负数废票份数	0
退回发票份数	0	期末库存份数	13	分配发票份数	0
收回发票份数	0				

图 2-10

★ 销项情况 ★

金额单位：元

序号	项目名称	合计	3%
1	销项正废金额		
2	销项正数金额	127557.28	127557.28
3	销项负废金额		
4	销项负数金额		
5	实际销售金额	127557.28	127557.28
6	销项正废税额		
7	销项正数税额	3826.72	3826.72
8	销项负废税额		
9	销项负数税额		
10	实际销项税额	3826.72	3826.72

图 2-10(续)

【拓展任务 2-12】

澄海小家电有限责任公司为小规模纳税人，纳税识别号：51123420753287525E，地址：X 省成都市青羊区红帆路 233 号 23-3，电话：028-46552213。该公司主营热水器的生产与销售。该公司在 2023 年 12 月发生以下经济业务：

(1) 4 日，购入生产用主电路板，单价 42 元，共计购入 1200 个，款项已付，取得增值税普通发票。

(2) 11 日，销售给红星商贸公司嗨锅第三版电热水器 420 个，含税单价 85 元，款已收，开出增值税电子普通发票。

(3) 16 日，在春熙路广场摆摊零售嗨锅第三版热水器 62 个，零售单价 100 元，款已收。

(4) 22 日，销售嗨锅第三版热水器 600 个，不含税单价 83 元，委托税务机关代开增值税专用发票，发票注明金额 49800 元，增值税税额 1494 元。

任务三　小规模纳税人增值税的填制——技能填制

知识准备

增值税小规模纳税人纳税申报表及附列资料分为以下几张表格：

(1)《增值税及附加税费申报表(小规模纳税人适用)》：

纵向根据应税销售行为，分为“货物及劳务”(填列纳税人销售货物及劳务对应项目)和“服务、不动产及无形资产”(填列纳税人销售服务、不动产及无形资产对应项目)；横向分为三个部分，第一部分为计税依据；第二部分为税款计算；第三部分为附加税费。主表中纳税人主要填写项目在第一部分，第二部分根据第一部分填列的计税依据以及《减免税明细表》自动填列，第三部分根据附列资料二填列数据系统自动填列。

(2)《增值税及附加税费申报表(小规模纳税人适用)附列资料一(服务、不动产和无形资产扣除项目明细)》：

本表由发生应税行为且有扣除项目的纳税人填写，各栏次均不包含免征增值税项目的金额，但适用小微企业免征增值税政策且有扣除项目的纳税人应填写。

(3)《增值税及附加税费申报表(小规模纳税人适用)附列资料二(附加税费情况表)》：

【实训任务 2–13】

（1）根据海丰制造公司 2023 年 10 月开具普通发票和税务机关代开发票的情况，填制小规模纳税人增值税纳税申报表，如表 2–4 所示。

表 2–4　增值税及附加税费申报表

（小规模纳税人适用）

纳税识别号：50073420789987525A

纳税人名称（公章）：海丰制造有限公司　　　　金额单位：元至角分

税款所属期：2023 年 10 月 01 日至 2023 年 10 月 31 日　　　　填表日期：2023 年 11 月 01 日

	项目	栏次	本期数		本年累计	
			货物及劳务	服务、不动产和无形资产	货物及劳务	服务、不动产和无形资产
一、计税依据	（一）应征增值税不含税销售额（3%征收率）	1	127557.28			
	增值税专用发票不含税销售额	2	63800.00			
	其他增值税发票不含税销售额	3	63000.00			
	（二）应征增值税不含税销售额（5%征收率）	4				
	增值税专用发票不含税销售额	5				
	其他增值税发票不含税销售额	6				
	（三）销售使用过的固定资产不含税销售额	7（7≥8）				
	其中：其他增值税发票不含税销售额	8				
	（四）免税销售额	9=10+11+12				
	其中：小微企业免税销售额	10				
	未达起征点销售额	11				
	其他免税销售额	12				
	（五）出口免税销售额	13（13≥14）				
	其中：其他增值税发票不含税销售额	14				
	核定销售额	15				
二、税款计算	本期应纳税额	16	3826.72			
	核定应纳税额	17				
	本期应纳税额减征额	18				
	本期免税额	19				
	其中：小微企业免税额	20				
	未达起征点免税额	21				
	应纳税额合计	22=16–18 或 17–18	3826.72			
	本期预缴税额	23	1914.00			
	本期应补（退）税额	24=22–23	1912.72			

续表

项目		栏次	本期数		本年累计	
			货物及劳务	服务、不动产和无形资产	货物及劳务	服务、不动产和无形资产
三、附加税费	城市维护建设税本期应补（退）税额	25				
	教育费附加本期应补（退）费额	26				
	地方教育附加本期应补（退）费额	27				

声明：此表是根据国家税收法律法规及相关规定填写的，本人（单位）对填报内容（及附带资料）的真实性、可靠性、完整性负责。

纳税人（签章）：

受理税务机关（章）：　　受理人：　　受理日期：2023. 11. 02

分析海丰制造公司2023年10月的涉税业务，按照实训任务2-12分析结果，此表格需要填列第1栏次、第2栏次、第3栏次、第15栏次、第22栏次、第23栏次、第24栏次。

（2）与税务系统数据核对。

增值税纳税申报表（小规模纳税人适用）》填写说明：

本表"货物及劳务"与"服务、不动产和无形资产"各项目应分别填写。

① 第1栏"应征增值税不含税销售额（3%征收率）"：填写本期销售货物及劳务、发生应税行为适用3%征收率的不含税销售额，不包括应税行为适用5%征收率的不含税销售额、销售使用过的固定资产和销售旧货的不含税销售额、免税销售额、出口免税销售额、查补销售额。

纳税人发生适用3%征收率的应税行为且有扣除项目的，与当期《增值税纳税申报表（小规模纳税人适用）附列资料》第8栏数据一致。

② 第2栏"增值税专用发票不含税销售额"：填写税务机关代开的增值税专用发票销售额合计。

③ 第3栏"其他增值税发票不含税销售额"：填写税控器具开具的货物及劳务、应税行为的普通发票金额换算的不含税销售额。

④ 第16栏"本期应纳税额"：填写本期按征收率计算缴纳的应纳税额。

⑤ 第22栏"应纳税额合计"：自动获取。

⑥ 第23栏"本期预缴税额"：填写纳税人本期预缴的增值税额，但不包括查补缴纳的增值税额。

⑦ 第24栏"本期应补（退）税额"：自动获取。

【拓展任务2-13】

根据拓展任务2-12，澄海小家电有限责任公司2023年12月的经济业务，填制小规模纳税人增值税纳税申报表。

任务四　小规模纳税人增值税智能申报——一键申报

【实训任务 2-14】

案例 2-14　根据实训任务 2-13，海丰制造公司的计算结果进行税务申报。

操作步骤：第一步，登录电子税务局，点击“我要办税”—“税费申报”—“增值税及附加税（费）申报（小规模纳税人适用）”，选择“填表申报”进入纳税申报表。

第二步，填制纳税申报表。

选择“增值税及附加税申报表”，自行填制已开具专用发票数据，补充填制未开具发票和开具其他发票销售额及销项税额，与税控开票系统核对，调整四舍五入差异，填表完毕，点击“保存”。具体见图 2-11。

小规模增值税及附加税（费）申报　　纳税识别号：50073420789987525A　　纳税人名称：海丰制造有限公司 [单位主体-办税人]

帮助　返回

报表填列　填表说明

增值税及附加税费申报表（小规模纳税人适用）

增值税及附加税费申报表（小规模纳税人适用）附列资料（一）

增值税及附加税费申报表（小规模纳税人适用）附列资料（二）

增值税减免税申报明细表

温馨提示：如果报表期初数据和实际不符，请点击重新获取数据。

增值税及附加税费申报表

（小规模纳税人适用）

纳税识别号：50073420789987525A

纳税人名称（公章）：海丰制造有限公司　　金额单位：元至角分

税款所属期：2023 年 10 月 01 日至 2023 年 10 月 31 日　　填表日期：2023 年 11 月 01 日

	项目	栏次	本期数		本年累计	
			货物及劳务	服务、不动产和无形资产	货物及劳务	服务、不动产和无形资产
一、计税依据	（一）应征增值税不含税销售额（3%征收率）	1	127557.28			
	增值税专用发票不含税销售额	2	63800.00			
	其他增值税发票不含税销售额	3	63000.00			
	（二）应征增值税不含税销售额（5%征收率）	4	——		——	
	增值税专用发票不含税销售额	5	——		——	
	其他增值税发票不含税销售额	6	——		——	

保存　打印　导出　申报　取消　重新下载税费种　重新下载期初数

图 2-11

选择“增值税减免税申报明细表”，填表完毕，点击“保存”。

选择“附加税申报表”，主表保存后附加税申报表将自动获取数据，点击“保存”。

选择“主表”，自动获取附加税数据，重新保存，点击“申报”。具体见图 2-12。

申报结果　×

纳税人申报结果

纳税人名称：海丰制造有限公司

纳税人识别号：50073420789987525A

序号	申报凭证种类	税款所属期	申报税额	状态	时间	凭证序号
1	小规模增值税	2023-12-01~2023-12-31	1912.72	申报成功	2024-01-08 15:27:08	1013547858732101

注意：申报已经成功，请您根据自身实际情况进行缴税！

对于未签署三方划款协议的纳税人，请尽快执行【银行端缴税凭证打印】操作，打印凭证后自行到银行缴纳税款。

>>>>>继续办理其他税费申报

关闭　打印

图 2-12

【拓展任务 2-14】

根据拓展任务 2-13 的数据，完成海丰制造公司 2023 年 12 月税额的一键申报。

模块六　综合实训——实践运用

一、单项选择练习

1. 下列关于开具发票的说法，错误的有(　　)。

A. 开具发票时，可以不按顺序填开

B. 开具后的存根联应当按照顺序号装订成册

C. 未经税务机关批准，不得拆本使用发票

D. 单位和个人应在发生经营业务、确认营业收入时，才能开具发票

2. 下列纳税人中，可以领购使用增值税专用发票的是(　　)。

A. 增值税小规模纳税人

B. 销售的货物全部免征增值税的纳税人

C. 不能向税务机关提供有关增值税税务资料的纳税人

D. 增值税一般纳税人

3. 从事货物批发或零售的纳税人，年应税销售额在(　　)万元以下的，为小规模纳税人。

A. 50　　B. 80　　C. 100　　D. 500

4. 某一般纳税人下列已取得增值税专用发票的项目中，可以作为进项税额抵扣的是(　　)。

A. 外购职工食堂餐具　　B. 外购职工幼儿园桌椅

C. 外购生产产品用原材料　　D. 外购职工节日慰问品

5. 某公司为增值税一般纳税人，其销售钢材一批，不含增值税的价格为 10000 元。则其增值税销项税额为(　　)。

A. 1300　　B. 900　　C. 300　　D. 无法确定

6. 某一般纳税人购进货物的进项税额为 1200 元，购进固定资产的进项税额为 300 元。已取得增值税专用发票，则该一般纳税人可抵扣的进项税额为(　　)元。

A. 1200　　B. 1500　　C. 300　　D. 900

7. 某酒厂为增值税一般纳税人，增值税税率 13%。3 月份向小规模纳税人销售白酒，开具普通发票上注明含税金额为 90400 元；同时收取包装费 5800 元，此业务酒厂应计算的销项税额为(　　)元。

A. 10400　　B. 11154　　C. 11067. 26　　D. 12506

8. 2023 年 6 月，某商店(增值税小规模纳税人)购进童装 150 套，六一儿童节之前以每套 103 元的含税价格全部零售出去。该商店本月销售这批童装应纳增值税(　　)元。

A. 832　　B. 450　　C. 882　　D. 588

9. 甲公司为增值税一般纳税人，适用税率为13%。本月将一批新研制的产品赠送给老顾客使用，甲公司并无同类产品销售价格，其他公司也无同类货物，已知该批产品的生产成本为10万元，甲公司的成本利润率为10%，则甲公司本月视同销售的增值税销项税为(　　)元。

A. 110000　　B. 100000　　C. 14300　　D. 13000

10. 甲市的A、B两店为实行统一核算的连锁店。根据增值税法律制度的规定，A店的下列经营活动中，不属于视同销售货物行为的是(　　)。

A. 将货物交付位于乙市的某商场代销

B. 销售丙市某商场委托代销的货物

C. 将货物移送到B店用于销售

D. 为促销将本店货物无偿赠送给消费者

11. 某食品加工企业为小规模纳税人，适用增值税征收率为3%。2月份取得销售收入15450元；直接从农户购入农产品价值6400元，支付运输费600元，该企业当月应缴纳的增值税税额为(　　)元。

A. 240　　B. 298　　C. 450　　D. 494

12. 根据增值税的规定，纳税人采取分期收款方式销售应税消费品的，其纳税义务发生时间为(　　)。

A. 书面合同约定的收款日期当天　　B. 收到第一笔销售款的当天

C. 应税消费品发出的当天　　D. 取得索取销售款凭据的当天

13. 下列各项中，不应计入增值税的应税销售额的是(　　)。

A. 向购买者收取的包装物租金

B. 向购买者收取的销项税额

C. 因销售货物向购买者收取的手续费

D. 因销售货物向购买者收取的代收款项

二、多项选择练习

1. 下列情形中，属于未按规定开具发票的是(　　)。

A. 跳号开具发票　　B. 未发生经营业务开具发票

C. 未经批准拆本使用发票　　D. 外资企业只使用外国文字开具发票

2. 根据《增值税专用发票使用规定》，以下说法中正确的是(　　)。

A. 一般纳税人凭税务登记证件、《发票领购簿》、经办人身份证明和财务专用章或发票专用章领购专用发票

B. 一般纳税人应通过增值税防伪税控系统使用专用发票

C. 专用发票实行最高开票限额管理

D. 一般纳税人领购专用设备后，凭《最高开票限额申请表》、《发票领购簿》到主管税务机关办理初始发行

3. 纳税人有下列情形之一的，税务机关有权核定其应纳税额的是(　　)。

A. 有偷税、骗税前科的

B. 依法可以不设置会计账簿

C. 纳税人申报的计税依据明显偏低，又无正当理由的

D. 未按规定办理税务登记的

4. 下列关于消费税纳税义务发生时间的表述中，正确的有(　　)。

A. 采取赊销和分期收款结算方式的，为书面合同约定的收款日期的当天

B. 采取预收货款结算方式的，为发出应税消费品的当天

C. 采取托收承付和委托银行收款方式的，为发出应税消费品并办妥托收手续的当天

D. 采取其他结算方式的，为收讫销售款或者取得索取销售款凭据的当天

5. 甲公司外购一批货物5000元，取得增值税专用发票，委托乙公司加工，支付加工费1000元，并取得乙公司开具的增值税专用发票。货物加工好收回后，甲公司将这批货物直接对外销售，开出的增值税专用发票上注明的价款为8000元。根据以上所述，以下说法中正确的有(　　)。

A. 甲应当缴纳增值税260元　　B. 乙应该缴纳增值税130元

C. 甲应当缴纳增值税390元　　D. 乙无须缴纳增值税

6. 根据现行税法的规定，下列说法正确的是(　　)。

A. 小规模纳税人增值税征收率统一为3%

B. 一般纳税人向农业生产者购买免税农产品，准予按照买价和9%的扣除率计算进项税额

C. 一般纳税人进口货物的增值税基本税率为13%

D. 一般纳税人外购货物支付运费，准予按照买价9%计算增值税

7. 下列各项中，应计入增值税的应税销售额的有(　　)。

A. 向购买者收取的包装物租金

B. 向购买者收取的销项税额

C. 因销售货物向购买者收取的手续费

D. 因销售货物向购买者收取的优质费

8. 按照9%的税率征收增值税的包括(　　)。

A. 沼气　　B. 音像制品　　C. 电子出版物　　D. 二甲醚

9. 下列情形中，不得开具增值税专用发票的是(　　)。

A. 商业企业零售的高档化妆品　　B. 向消费者销售应税项目

C. 企业销售应税商品　　D. 销售免税产品

10. 下列随同销售收取的项目属于计征增值税销售额范围的有(　　)

A. 货款　　B. 优质费　　C. 返还利润　　D. 包装费

三、判断题

1. 增值税是价内税。(　　)

2. 某商店开展促销活动，买一赠一，在这项活动中售货取得销售额10万元，赠送的商品价值5000元，因未取得收入，所以企业按10万元的销售额计算销项税额。(　　)

3. 增值税一般纳税人销售货物向购货方开具专用发票后发生退货的，销售方在未收

到购货方当地主管税务机关开具的证明单之前，不得开具红字专用发票。 （ ）

4. 对擅自销毁账簿或拒不提供纳税资料的，税务机关有权核定应纳税额。 （ ）

5. 增值税小规模纳税人发生增值税应税行为，需要开具专用发票时，可向其主管税务机关申请代开。 （ ）

四、计算题

1. 一般纳税人增值税纳税计算与智能申报

新城有限责任公司主要产品为烤火设备，为增值税一般纳税人，纳税识别号：564231000116731522P，公司地址：A 市渝北区星光大道 21 号附 4 号，电话为 023-45661234。在这寒冷的冬季，本公司产品需求量较大，会计张海在核算 2023 年 11 月发生的经济业务，请你帮助他核算出下列业务的增值税额。

（1）3 日，公司购入一批办公用品，取得普通发票，共计现金支付 760 元。

（2）5 日，销售给新发商贸有限公司甲产品 2000 件、单价 120 元，乙产品 4500 件、单价 150 元，货款已收，开具增值税专用发票，发票注明销售金额 915000 元，税额 118950 元。

（3）8 日，将本公司甲产品 300 件，市场价 120 元，成本价 85 元，捐赠给红十字会。

（4）10 日，向德易公司购进 A 材料 2000 件、单价 26 元，B 材料 1200 件、单价 32 元，C 材料 3000 件、单价 18 元，货款已支付，取得增值税专用发票，发票注明发票金额 144400 元，税额 18772 元。

（5）12 日，销售代销的童芯公司的 Y 产品，共计销售 3000 件，单价 200 元，开出增值税专用发票，采用视同买断的代销方式，对方按照每件 185 元核算。

（6）13 日，支付 10 日所购原材料的运输费，取得增值税专用发票，税率 9%，发票注明运费 3000 元，税额 270 元。

（7）18 日，将本公司甲产品发放给职工做福利，本单位共计员工 18 人，每人一件，市场价 120 元，成本价 85 元。

（8）20 日，支付上月水电费，取得水电费增值税专用发票，发票上注明电费增值税税率 13%、电费 3526 元、税额 458.38 元，水费增值税税率 9%、税费 1504 元、税额 135.36 元。

（9）25 日，员工张海龙报销差旅费，合计 3560 元，其中飞机票 1860 元、动车票 456 元，现金付讫。

（10）28 日，5 日销售给新发商贸的乙产品有部分质量问题，经双方协定，按照原价给予八折优惠。按规定开具增值税红字专用发票，发票注明销售金额-135000 元，税额-17550元。

（11）29 日，因保管不当 A 材料损毁 50 件，每件 26 元。

要求：

（1）请分别核算新城有限责任公司开专票收入，开普票收入和未开票收入。

（2）请分别核算新城有限责任公司开专票销项税额，开普票销项税额和未开票销项税额。

（3）请核算新城有限责任公司本月可抵扣的进项税额。

（4）请核算新城有限责任公司本月应交的增值税。

2. 小规模纳税人增值税纳税计算与智能申报

华强公司为小规模纳税人，纳税识别号：1236552323121022334A，公司地址：九龙坡区红狮大道224号附1号，公司电话：023-45612778。公司税务专员李梅核算出本公司2023年11月发生了以下增值税涉税业务。

（1）1日，向民帆公司销售A产品2000件、单价80元，B产品1500件、单价100元，货款已收，开具增值税普通发票，发票注明销售金额310000元，税额9300元。

（2）3日，公司购入一批办公用品，取得普通发票，共计现金支付260元。

（3）16日，购进甲材料3000件、单件12元，乙材料2600件、单价20元，取得普通发票。

（4）18日，向鼎御公司销售A产品3000件，单价80元，货款已收，向税务机关申请代开增值税专用发票，发票注明销售金额240000元，税额7200元。

（5）25日，将A产品发放给本公司职工作为节日福利，共计发放500件，每件80元。

要求：

（1）计算华强公司本月不含税销售额。

（2）计算华强公司本月应纳增值税额。

五、实训题

1. 根据新城有限责任公司上述资料及计算结果，填制增值税纳税申报表及附表。

2. 根据华强公司上述资料及计算结果，填制增值税纳税申报表及附表。

项目三

消费税的计算与智能申报

学习目标

1. 掌握消费税概念、征税范围及税率。
2. 会计算企业应纳消费税税额。
3. 会填制消费税纳税申报表。
4. 能熟练进行消费税网上纳税申报。
5. 养成关注税制变化及纳税的意识。

情境导航

A市永盛酒业有限公司是一家坐落在A市渝北区龙溪街道45号的酒类生产企业，电话：023-68084578，为增值税一般纳税人，纳税识别号618975800045357860。该公司主要从事各类啤酒、白酒、葡萄酒的生产及销售业务。2023年3月，A市永盛公司要求会计小刘根据本月发生的经济业务，填制消费税纳税申报表，进行网上申报。如果你是小刘，请核算本月应缴纳的消费税，填制纳税申报表并进行纳税智能申报。

（1）3日，向达通酒业公司销售A牌啤酒10吨，每吨4800元。产品已发出，货款已收，开具增值税专用发票注明销售金额48000元，税额6240元。

（2）8日，向恒通商贸公司销售白酒500箱，每箱白酒6瓶，每瓶500毫升。开具增值税专用发票注明销售金额为165000元，税额21450元。

（3）12日，销售给宏发超市葡萄酒300箱，每箱10公斤。每箱不含税售价为480元。开具增值税专用发票注明价款为144000元，税额18720元。产品已发出，货款尚未收到。

（4）16日，向大通酒业公司销售A牌啤酒20吨，开具增值税专用发票上注明销售额为95000元，税额为12350元。产品已发出，货款尚未收到。

（5）28日，本月公司门市部共零售葡萄酒50箱，每箱10公斤。共取得零售收入

27500 元，款已收存银行。

（6）30 日，本月门市部共零售白酒 500 瓶，每瓶 500 毫升，取得零售收入 30000 元，款已收存银行。

模块一　背景知识——税制认知

知识目标	技能目标	素质目标
1. 了解消费税的概念及特点。 2. 理解消费税的纳税人和纳税范围。 3. 掌握消费税的税目及税率。	1. 会区分不同消费税税目的适用税率。 2. 会区分不同情况下纳税义务发生的时间和地点。	1. 树立学生自觉纳税，做合格纳税人的观念。 2. 树立提高专业技能，及时、守法进行税务申报的意识。

一、消费税的概念和特点

（一）消费税的概念

消费税是对在中国境内从事生产、委托加工和进口税法规定的应税消费品的单位和个人征收的一种流转税，是对特定的消费品和消费行为在特定的环节征收的一种间接税。

（二）消费税的特点

（1）消费税征税项目具有选择性。消费税以税法规定的特定产品为征税对象。即国家可以根据宏观产业政策和消费政策的要求，有目的地、有重点地选择一些消费品征收消费税，以适当地限制某些特殊消费品的消费需求。

（2）消费税是价内税，是价格的组成部分。

（3）消费税征收环节具有单一性，应税消费品只会在单一环节征收，不重复征收(超豪华小汽车、卷烟除外)。

（4）消费税税收负担转嫁性，最终都转嫁到消费者身上。

二、消费税纳税人

消费税的纳税人是在我国境内生产、委托加工、进口、零售和批发《中华人民共和国消费税暂行条例》规定的应税消费品的单位和个人。

具体包括：在我国境内生产、委托加工、零售和进口应税消费品的国有企业、集体企业、私有企业、股份制企业、其他企业、行政单位、事业单位、军事单位、社会团体和其他单位、个体经营者及其他个人。在我国境内生产、委托加工、零售和进口应税消费品的外商投资企业和外国企业，也是消费税的纳税人。

三、消费税征税范围

消费税的征税环节包含了生产、委托加工、进口、零售和批发等环节。

（一）生产销售应税消费品

生产销售应税消费品是消费税征收的主要环节，因为消费税具有单一环节征税的特点，在生产销售环节征税以后，货物在流通环节无论再转销多少次，不用再缴纳消费税。生产应税消费品除了直接对外销售应征收消费税外，纳税人将生产的应税消费品换取生产资料、消费资料、投资入股、偿还债务，以及用于继续生产应税消费品以外的其他方面都应缴纳消费税。

纳税人生产的应税消费品，于纳税人销售时纳税。纳税人自产自用的应税消费品，用于连续生产应税消费品的，不纳税；用于其他方面的，于移送使用时纳税。

（二）委托加工应税消费品

委托加工的应税消费品，除受托方为个人外，由受托方在向委托方交货时代收代缴消费税税款；委托个人加工的应税消费品，由委托方收回后缴纳消费税。

委托加工的应税消费品，委托方收回后用于连续生产应税消费品的，所纳税款准予按规定抵扣。委托加工收回后直接出售的，不再缴纳消费税。

（三）进口应税消费品

单位和个人进口货物属于消费税征收范围的，在进口环节要缴纳消费税。为了减少征税成本，进口环节缴纳的消费税由海关代征。钻石及钻石饰品、金银首饰消费税改变征税环节后，经营单位进口钻石及钻石饰品、金银首饰的消费税，由进口环节征收改为在零售环节征收；出口由出口退税改为出口不退消费税。个人携带、邮寄钻石及钻石饰品、金银首饰进境，仍按海关现行规定由海关代扣消费税。

（四）批发应税消费品

自 2015 年 5 月 10 日起，卷烟批发环节的比例税率为 11%，并按 0.005 元/支加征从量税。批发环节征收消费税的只有卷烟。卷烟在批发环节加征的税率是统一的，并没有区别对待甲类卷烟和乙类卷烟。批发环节是指烟草批发企业把卷烟批发给零售商的过程。但是批发企业之间批发卷烟的时候并不需要加征消费税。由于卷烟消费税改为在生产和批发两个环节征收后，批发企业在计算应纳税额时，不得扣除已含的生产环节的消费税税款。

（五）零售应税消费品

（1）自 1995 年 1 月 1 日起，改为零售环节征收消费税的金银首饰范围仅限于：金、银和金基、银基合金首饰，以及金、银和金基、银基合金的镶嵌首饰。

（2）从 2002 年 1 月 1 日起，钻石及钻石饰品消费税的纳税环节由生产环节、进口环节后移至零售环节，对未镶嵌的成品钻石和钻石饰品的消费税按 5%的税率征收。

（3）自 2016 年 12 月 1 日起，对超豪华小汽车，在生产(进口)环节按现行税率征收消费税基础上，在零售环节加征一道消费税，税率为 10%。

四、消费税税目及税率

（一）消费税税目

消费税共设置了15个税目，若干个子目。具体包括：烟，酒，高档化妆品，贵重首饰及珠宝玉石，鞭炮、焰火，成品油，摩托车，小汽车，高尔夫球及球具，高档手表，游艇，木制一次性筷子，实木地板，电池，涂料。

从消费税税目可以看出，主要包括了四种类型的产品。

第一类：过度消费会对人类健康、社会秩序、生态环境等方面造成危害的特殊消费品，如烟、酒、鞭炮焰火、涂料等；

第二类：非生活必需的奢侈品，如贵重首饰、高档化妆品、高档手表等；

第三类：高能耗的消费品，如小汽车、摩托车、游艇等；

第四类：不可再生和替代的石油类消费品，如成品油等。

（二）消费税税率

消费税的税率，有两种形式：一是比例税率；二是定额税率，即单位税额。消费税税率形式的选择，主要是根据课税对象情况来确定。消费税的税率绝大部分税目采用比例税率，啤酒、黄酒、成品油采用定额税率，卷烟、白酒执行比例税率和定额税率的复合计征方式。具体税率见表3-1。

表3-1　消费税税目、税率表

税　目	税　率
一、烟	
1. 卷烟	
（1）甲类卷烟[调拨价70元(不含增值税)/条以上]	56%加30元/万支
（2）乙类卷烟[调拨价70元(不含增值税)/条以下]	36%加30元/万支
（3）批发环节	11%加50元/万支
2. 雪茄烟	36%
3. 烟丝	30%
4. 电子烟	
（1）工业	36%
（2）商业批发	11%
二、酒	
1. 白酒	20%加0.5元/500克（或者500毫升）
2. 黄酒	240元/吨
3. 啤酒	
（1）甲类啤酒[出厂价格3000元(不含增值税)/吨以上(含3000元)]	250元/吨
（2）乙类啤酒[出厂价格3000元(不含增值税)/吨以下]	220元/吨
4. 其他酒	10%

续表

税 目	税 率
三、高档化妆品	15%
四、贵重首饰及珠宝玉石	
1. 金银首饰、铂金首饰和钻石及钻石饰品	5%
2. 其他贵重首饰和珠宝玉石	10%
五、鞭炮、焰火	15%
六、成品油	
1. 汽油	1.52元/升
2. 柴油	1.2元/升
3. 航空煤油	1.2元/升
4. 石脑油	1.52元/升
5. 溶剂油	1.52元/升
6. 润滑油	1.52元/升
7. 燃料油	1.2元/升
七、摩托车	
1. 汽缸容量250毫升的	3%
2. 汽缸容量在250毫升(不含)以上的	10%
八、小汽车	
1. 乘坐用车	
(1) 汽缸容量在1.0升(含1.0升)以下的	1%
(2) 汽缸容量在1.0升以上至1.5升(含1.5升)的	3%
(3) 汽缸容量在1.5升以上至2.0升(含2.0升)的	5%
(4) 汽缸容量在2.0升以上至2.5升(含2.5升)的	9%
(5) 汽缸容量在2.5升以上至3.0升(含3.0升)的	12%
(6) 汽缸容量在3.0升以上至4.0升(含4.0升)的	25%
(7) 汽缸容量在4.0升以上的	40%
2. 中轻型商用客车	5%
3. 超豪华小汽车[每辆零售价格130万元(不含增值税)及以上的乘用车和中轻型商用客车]	10%
九、高尔夫球及球具	10%
十、高档手表	20%
十一、游艇	10%
十二、木制一次性筷子	5%
十三、实木地板	5%
十四、涂料	4%
十五、电池	4%

五、消费税纳税义务发生时间

消费税纳税义务发生时间，具体规定如下：

（1）纳税人销售应税消费品的，按不同的销售结算方式分别为：

① 采取赊销和分期收款结算方式的，为书面合同规定的收款日期的当天，无书面合同或者书面合同没有约定收款日期的，为发出应税消费品的当天；

② 采取预收货款结算方式的，为发出应税消费品的当天；

③ 采取托收承付和委托银行收款方式的，为发出应税消费品并办妥托收手续的当天；

④ 采取其他结算方式的，为收讫销售款或者取得索取销售款凭据的当天。

（2）纳税人自产自用应税消费品的，为移送使用的当天。

（3）纳税人委托加工应税消费品的，为纳税人提货的当天。

（4）纳税人进口应税消费品的，为报关进口的当天。

六、消费税纳税期限和地点

（一）消费税纳税期限

根据《中华人民共和国消费税暂行条例》（中华人民共和国国务院令第 539 号）第十四条规定：消费税的纳税期限分别为 1 日、3 日、5 日、10 日、15 日、1 个月或者 1 个季度。纳税人的具体纳税期限，由主管税务机关根据纳税人应纳税额的大小分别核定；不能按照固定期限纳税的，可以按次纳税。

纳税人以 1 个月或者 1 个季度为 1 个纳税期的，自期满之日起 15 日内申报纳税；以 1 日、3 日、5 日、10 日或者 15 日为 1 个纳税期的，自期满之日起 5 日内预缴税款，于次月 1 日起 15 日内申报纳税并结清上月应纳税款。

第十五条规定：纳税人进口应税消费品，应当自海关填发海关进口消费税专用缴款书之日起 15 日内申报缴纳税款。

（二）消费税纳税地点

消费税的纳税地点可分为以下几种情况：

（1）纳税人销售的应税消费品和自产自用的应税消费品，除国务院财政、税务主管部门另有规定外，一般应当向纳税人机构所在地或者居住地的主管税务机关申报纳税。

（2）委托加工的应税消费品，除委托个人加工以外，由受托方向机构所在地或者居住地的主管税务机关代收代缴消费税税款。委托个人加工的应税消费品，由委托方向其机构所在地或者居住地主管税务机关申报纳税。

（3）进口的应税消费品，由进口人或其代理人向报关地海关申报纳税。

（4）纳税人到外县（市）销售或者委托外县（市）代销自产应税消费品的，于应税消费品销售后，回纳税人机构所在地或者居住地主管税务机关申报纳税。

（5）纳税人的总机构与分支机构不在同一县（市），但在同一省（自治区、直辖市）范围内，经省（自治区、直辖市）财政厅（局）、国家税务总局审批同意，可以由总机构汇总向总机构所在地的主管税务机关申报纳税。

(6) 卷烟批发企业的纳税地点比较特殊，应在卷烟批发企业的机构所在地，总机构与分支机构不在同一地区的，由总机构申报纳税。

(7) 纳税人销售的应税消费品，如因质量等原因由购买者退回时，经机构所在地或者居住地主管税务机关审核批准后，可退还已缴纳的消费税税款，但不能自行直接抵减应纳税额。

模块二 消费税的计算——税费实训

知识目标	技能目标	素质目标
1. 了解消费税的计税方法。 2. 掌握不同计税方法下消费税的计算公式。	1. 会进行生产销售环节应交消费税的计算。 2. 会进行自产自用、委托加工和进口环节组成计税价格的计算。 3. 会进行应税消费品已纳税款扣除的计算。	1. 及时关注税规，诚信纳税。 2. 具备严谨细致、专注敬业的职业素养。

任务一 生产销售应税消费品

知识准备

一、生产销售应税消费品

生产销售应税消费品是消费税征收的主要环节，因为消费税具有单一环节征税的特点，在生产销售环节征税以后，货物在流通环节无论再转销多少次，不用再缴纳消费税。纳税人生产的应税消费品，于纳税人销售时纳税。

二、生产销售应税消费品应纳税额的计算

消费税实行从价定率、从量定额，或者从价定率和从量定额复合计税（以下简称复合计税）的办法计算应纳税额。

应纳税额计算公式：

1. 从价定率

应纳税额=应税消费品的销售额×比例税率

从价定率计税的消费品是指对除黄酒、啤酒、成品油、卷烟和白酒以外的其他应税消费品，它们都采用单一比例税率。现行消费税实行价内税，增值税实行价外税，由此决定

了实行从价定率征收的消费税，其计税基数与增值税基本一致，销售额为纳税人销售应税消费品向购买方收取的全部价款和价外费用，均为不含增值税的销售额。如果销售额为含增值税的销售额时，必须换算成不含增值税的销售额。

小知识：①纳税人兼营不同税率的应税消费品时，应当分别核算不同税率应税消费品的销售额、销售数量；未分别核算的，从高适用税率征税。②纳税人将应税消费品与非应税消费品以及适用税率不同的应税消费品组成成套消费品销售的，应根据组合制产品的销售金额按应税消费品中适用最高税率的消费品税率征税。

应税消费品连同包装物销售的，无论包装物是否单独计价以及在会计上如何核算，均应并入应税消费品的销售额中缴纳消费税。如果包装物不作价随同产品销售，而是收取押金，此项押金则不应并入应税消费品的销售额中征税。但对因逾期未收回的包装物不再退还的或者已收取的时间超过 12 个月的押金，应并入应税消费品的销售额，按照应税消费品的适用税率缴纳消费税。

对既作价随同应税消费品销售，又另外收取押金的包装物的押金，凡纳税人在规定的期限内没有退还的，均应并入应税消费品的销售额，按照应税消费品的适用税率缴纳消费税。

小知识：对酒类生产企业销售酒类产品（啤酒、黄酒除外）而收取的包装物押金，无论押金是否返还及会计上如何核算，均应计税，即在押金收取时征收消费税，押金逾期时，不再征收消费税。啤酒和黄酒采用从量定额办法征收消费税，因此对于黄酒和啤酒发生的包装物销售或收取押金均不存在计征消费税问题。

2. 从量定额

应纳税额=销售数量×定额税率

消费税对黄酒、啤酒、成品油等税目实行从量定额计征方式．它们都采用单一定额税率。

公式中销售数量的确认：

① 销售应税消费品的，为应税消费品的销售数量；

② 自产自用应税消费品的，为应税消费品的移送使用数量；

③ 委托加工应税消费品的，为纳税人收回的应税消费品数量；

④ 进口应税消费品的，为海关核定的应税消费品进口征税数量。

小知识：实行从量定额办法计算应纳税额的应税消费品，计量单位的换算标准如下：

黄酒 1 吨=962 升	啤酒 1 吨=988 升	汽油 1 吨=1388 升
柴油 1 吨=1176 升	航空煤油 1 吨=1246 升	石脑油 1 吨=1385 升
溶剂油 1 吨=1282 升	润滑油 1 吨=1126 升	燃料油 1 吨=1015 升

3. 复合计税

应纳税额=销售额×比例税率+销售数量×定额税率

复合计税方法是从价定率与从量定额相结合，计算应纳税额的一种计税方法。该方法主要适用于卷烟和白酒。

（一）实行从价定率计征办法消费税应纳税额的计算

【实训任务 3-1】

案例 3-1 以导航中的 A 市永盛酒业有限公司为例，如果你是小刘，首先应对 2023 年 3 月的经济业务进行分析分类，其次分别计算消费税应纳税额。

1. 计算应纳税额

分析情景导航中经济业务，从价计征的应税消费品的销售业务 2 笔，要求分别计算应纳消费税额。

第 3 笔销售业务：12 日，销售给宏发超市葡萄酒 300 箱，每箱 10 公斤。每箱不含税售价为 480 元。开具增值税专用发票注明价款为 144000 元，税额 18720 元。产品已发出，货款尚未收到。

第 5 笔销售业务：28 日，本月公司门市部共零售葡萄酒 50 箱，每箱 10 公斤。共取得零售收入 27500 元，款已收存银行。

根据消费税税目、税率表，判断消费税税率，计算消费税应纳税额。

葡萄酒消费税税率：10%

第 3 笔销售业务销售额=144000(元)

消费税应纳税额=144000×10%=14400(元)

第 5 笔销售业务销售额=27500÷(1+13%)= 24336.28(元)

消费税应纳税额=24336.28×10%=2433.63(元)

葡萄酒销售额及应纳税额
销售额合计=144000+24336.28=168336.28(元)
应纳税额合计=14400+2433.63=16833.63(元)

2. 从价定率消费税的会计处理

借：税金及附加　　16833.63

　　贷：应交税费—应交消费税　　16833.63

【拓展实训 3-1】

A 市星辰化妆品有限公司为增值税一般纳税人，该公司主要从事高档化妆品的生产销售业务。该公司 2023 年 5 月发生以下经济业务：

（1）5 月 2 日，向某化妆品店铺销售一批高档化妆品，开具增值税专用发票注明销售额 120000 元，增值税为 15600 元，款项已存入银行账户。

（2）5 月 15 日，向 A 市新世界百货销售一批高档化妆品，不含税售价为 600000 元，增值税 78000 元，另收取包装费 22600 元，所有款项均已存入银行账户。

（3）5 月 30 日，本月共零售 38 套化妆品，取得零售收入 14440 元。

要求：(1) 计算上述业务所涉及的消费税额。

(2) 进行消费税的会计处理。

（二）实行从量定额计征办法消费税应纳税额的计算

【实训任务 3-2】

案例 3-2 分析情景导航中 A 市永盛酒业有限公司 2023 年 3 月实行从量定额应税消费品生产销售业务 2 笔，计算其消费税应纳税额。

1. 计算应纳税额

第 1 笔销售业务：向达通酒业公司销售 A 牌啤酒 10 吨，每吨 4800 元。产品已发出，货款已收，开具增值税专用发票注明销售金额 48000 元，税额 6240 元。

第 4 笔销售业务：16 日，向大通酒业公司销售 A 牌啤酒 20 吨，开具增值税专用发票上注明销售额为 9500 元，税额为 2350 元。产品已发出，货款尚未收到。

根据消费税税目、税率表，判断消费税税率，计算消费税应纳税额：

A 牌啤酒出厂价每吨 4800 元，属于甲类啤酒，消费税税率：250 元/吨

第 1 笔销售业务消费税应纳税额＝10×250＝2500(元)

第 4 笔销售业务消费税应纳税额＝20×250＝5000(元)

啤酒销售数量及应纳税额： 甲类啤酒销售数量＝10+20＝30(吨) 甲类啤酒应纳税额＝2500+5000＝7500(元)

2. 从量定额消费税的会计处理

借：税金及附加　　7500

　　贷：应交税费—应交消费税　　7500

【拓展实训 3-2】

某石化公司为增值税一般纳税人，2023 年 5 月发生以下业务：

(1) 5 日，向 A 市某加油站销售汽油 500 吨，每吨不含税售价 9000 元，开具增值税专用发票注明价款 6000000 元，增值税 780000 元。

(2) 12 日，通过本公司加油站共销售汽油 680 吨，每吨零售价为 9500 元，销售柴油 150 吨，每吨零售价为 8400 元。

要求：(1)计算该石化公司本月应缴纳的消费税额。

(2) 进行消费税的会计处理。

（三）实行复合计征办法消费税应纳税额的计算

【实训任务 3-3】

案例 3-3 分析情景导航中 A 市永盛酒业有限公司 2023 年 3 月实行复合计征的应税消费品生产销售业务 2 笔，计算其消费税应纳税额。

1. 计算应纳税额

第 2 笔销售业务：8 日，向恒通商贸公司销售白酒 500 箱，每箱白酒 6 瓶，每瓶 500 毫升。开具增值税专用发票注明销售金额为 165000 元，税额 21450 元。

第6笔销售业务：30日，本月门市部共零售白酒500瓶，每瓶500毫升，取得零售收入30000元，款已收存银行。

根据消费税税目、税率表，判断消费税税率，计算消费税应纳税额：

白酒消费税税率：20%加0.5元/500克(或者500毫升)

第2笔销售业务应纳税额=165000×20%+500×6×0.5=34500(元)

第6笔销售业务应纳税额=30000÷(1+13%)×20%+500×0.5=5559.73(元)

白酒销售数量、销售额及应纳税额： 白酒销售数量=3500×500(毫升) 白酒销售额=165000+30000÷(1+13%)=191548.67(元) 白酒应纳税额=34500+5559.73=40059.73(元)

2. 复合计征消费税的会计处理

借：税金及附加　　40059.73

　　贷：应交税费—应交消费税　　40059.73

【拓展实训3-3】

武汉新门卷烟厂为增值税一般纳税人，2023年6月发生以下业务：

(1) 10日，向齐盛超市销售A牌卷烟20箱，每箱含税销售额为22600元。产品已发出，款项收存银行。

(2) 15日，向大圣卷烟批发市场销售B牌卷烟120箱，开具增值税专用发票注明价款为60000元，增值税为7800元。产品已发出，款项尚未收到。

要求：(1) 计算上述业务所涉及的消费税额。

(2) 进行消费税的会计处理。

任务二　自产自用应税消费品

知识准备

一、自产自用应税消费品的概念

自产自用是指纳税人生产应税消费品后，不是直接对外销售，而是用于连续生产应税消费品或用于其他方面。

纳税人自产自用的应税消费品，用于连续生产应税消费品的不纳税，用于其他方面的，于移送使用时纳税。其中，用于连续生产应税消费品，是指作为生产最终应税消费品的直接材料并构成最终产品实体的应税消费品。用于其他方面的应税消费品，是指纳税人用于生产非应税消费品和在建工程、管理部门、非生产机构、提供劳务，以及用于馈赠、赞助、集资、广告、样品、职工福利、奖励等方面的应税消费品。

二、自产自用应税消费品应纳税额的计算

自产自用应税消费品，按以下顺序确定销售额。

(1) 有同类消费品的销售价格的按照纳税人生产的同类消费品的销售价格计算纳税。

应纳税额计算公式如下。

① 实行从价定率办法计算纳税的计算公式：

应纳税额=纳税人同类消费品销售额×比例税率

② 实行从量定额办法计算纳税的计算公式：

应纳税额=自产自用数量×定额税率

③ 实行复合计税办法计算纳税的计算公式：

应纳税额=纳税人同类消费品销售额×比例税率+自产自用数量×定额税率

同类消费品的销售价格是指纳税人当月销售的同类消费品的销售价格。如果当月同类消费品各期销售价格高低不同，应按加权平均价格计算。但销售的应税消费品有下列情况之一的，不得列入加权平均计算：

① 销售价格明显偏低又无正当理由的；

② 无销售价格的。

如果当月无销售或者当月未完结，应按照同类消费品上月或最近月份的销售价格计算纳税。

小知识： 若纳税人将生产的应税消费品用于换取生产资料、消费资料、投资入股和抵偿债务等方面，应以纳税人同类应税消费品的最高销售价格作为计税依据计征消费税。

(2) 没有同类消费品销售价格的，可按组成计税价格计算纳税。

组成计税价格计算公式如下。

① 实行从价定率办法计算纳税的计算公式：

组成计税价格=(成本+利润)÷(1−比例税率)

=成本×(1+成本利润率)÷(1−比例税率)

应纳税额=组成计税价格×比例税率

② 实行复合计税办法计算纳税的计算公式：

组成计税价格=(成本+利润+自产自用数量×定额税率)÷(1−比例税率)

应纳税额=组成计税价格×比例税率+自产自用数量×定额税率

组成计税价格计算公式中的“成本利润率”由国家税务总局确定。

【实训任务 3-4】

案例 3-4 某手表厂将其一批高档手表用作职工福利，该批高档手表无同类产品销售价格，该批产品的成本为 160000 元，成本利润率为 10%。已知高档手表的消费税税率为 20%。

1. 计算应纳税额

分析经济业务内容，计算应缴纳的消费税：

组成计税价格＝160000×(1+10%)÷(1－20%)＝220000(元)
应纳税额＝220000×20%＝44000(元)

2. 自产自用应税消费品的会计处理

借：应付职工薪酬—非货币性福利　　248600
　　贷：主营业务收入　　220000
　　　　应交税费—应交增值税(销项税额)　　28600
借：税金及附加　　44000
　　贷：应交税费—应交消费税　　44000

【拓展实训 3-4】

某涂料厂为增值税一般纳税人，本月发生以下经济业务：

(1) 13 日，将 10 桶涂料运往外地参加展销会，该批涂料市场同类产品售价(含增值税)为 520 元/桶。已知涂料的消费税税率为 4%。

(2) 22 日，将一批新型涂料送至门市部作为样品展示，该批涂料无同类产品市场售价，已知该批新型涂料的成本为 36800 元，成本利润率为 10%。

要求：(1)计算上述业务的消费税应纳税额。

(2)做出会计处理。

小组活动：思考假设某企业自产自用白酒或卷烟，采用组成计税价格应如何计算其应纳消费税额，请小组举例说明。

任务三　委托加工应税消费品

知识准备

一、委托加工应税消费品的概念

委托加工应税消费品是指由委托方提供原材料及主要材料，受托方只收取加工费和代垫部分辅助材料加工的应税消费品。由受托方提供原材料或其他情形的一律不能视同加工应税消费品，只能按照销售自制应税消费品缴纳消费税。

委托加工收回的应税消费品，直接出售不再缴纳消费税；委托方以高于受托方计税价格出售的，需按规定申报缴纳消费税，计税时准予扣除已缴纳的消费税；委托方收回后用于连续加工应税消费品的，已缴纳的消费税准予扣除。

二、委托加工代收代缴消费税的计算

（1）委托加工的应税消费品，收回时按照受托方的同类消费品的销售价格计算纳税；如果当月同类消费品销售价格高低不同，应按照当月平均销售价格计算。

应纳税额计算公式如下。

① 实行从价定率办法计算纳税的计算公式：

应纳税额=同类消费品销售单价×委托加工数量×比例税率

② 实行从量定额办法计算纳税的计算公式：

应纳税额=委托加工数量×定额税率

③ 实行复合计税办法计算纳税的计算公式：

应纳税额=同类消费品销售单价×委托加工数量×比例税率+委托加工数量×定额税率

（2）受托方没有同类消费品销售价格的，按照组成计税价格计算。

① 实行从价定率办法计算纳税的计算公式：

组成计税价格=（材料成本+加工费）÷（1－比例税率）

应纳税额=组成计税价格×比例税率

② 实行复合计税办法计算纳税的计算公式：

组成计税价格=（材料成本+加工费+委托加工数量×定额税率）÷（1－比例税率）

应纳税额=组成计税价格×比例税率+委托加工数量×定额税率

【实训任务 3-5】

案例 3-5 A 市和盛涂料公司为增值税一般纳税人，委托 A 市佳博涂料公司加工一批新型涂料，提供的材料成本为 138400 元，双方协议加工费为 20000 元。该批涂料已加工完成后直接用于销售。已知 A 市佳博涂料公司无同类涂料的市场售价，涂料的消费税税率为 4%。

1. 计算应纳税额

分析经济业务内容，计算应缴纳的消费税：

组成计税价格=（138400+20000）÷（1－4%）= 165000（元） 应纳税额=165000×4%=6600（元）

2. 委托加工应税消费品的会计处理

借：委托加工物资　　6000

　　贷：银行存款　　6000

【拓展实训 3-5】

美莲化妆品有限公司委托新化加工厂加工一批高档化妆品，共发出材料 72000 元，受托企业代垫辅助材料 3000 元，双方约定的加工费为 18500 元。已知该批高档化妆品适用的消费税税率为 15%。

要求：（1）计算上述委托加工业务应由新化加工厂代收代缴的消费税。

（2）进行会计处理。

任务四　进口应税消费品

进口的应税消费品，按照组成计税价格计算纳税。

（1）实行从价定率办法计算纳税的计算公式：

$$组成计税价格=(关税完税价格+关税)\div(1-比例税率)$$

$$或=关税完税价格\times(1+关税税率)\div(1-比例税率)$$

$$应纳税额=组成计税价格\times比例税率$$

（2）实行从量定额办法计算纳税的计算公式：

$$应纳税额=进口数量\times定额税率$$

（3）实行复合计税办法计算纳税的计算公式：

$$组成计税价格=(关税完税价格+关税+进口数量\times定额税率)\div(1-比例税率)$$

$$应纳税额=组成计税价格\times比例税率+进口数量\times定额税率$$

公式中的"关税完税价格"是指海关核定的关税计税价格，进口货物的完税价格包括货物的货价、货物运抵我国境内输入点起卸前的运输及其相关费用、保险费。

【实训任务 3-6】

案例 3-6　某外贸出口公司进口一批小汽车，到岸价格为折合人民币 100 万元，进口小汽车关税税率为 25%，已知该批小汽车适用的消费税率为 9%。

1. 计算应纳税额

分析经济业务内容，计算应缴纳的消费税：

组成计税价格=[1000000×(1+25%)]÷(1-9%)=1373626.37(元) 应纳税额=1373626.37×9%=123626.37(元)

2. 进口应税消费品的会计处理

借：库存商品　　123626.37

　　贷：银行存款　　123626.37

【拓展实训 3-6】

某商贸公司为增值税一般纳税人，2023 年 6 月从国外进口一批粮食白酒(合计 5000 公斤)，已知该批应税消费品的关税完税价格为 90 万元，按规定应缴纳关税 18 万元，粮食白酒的消费税税率为 20%，定额消费税为 0.5 元/500 克。计算该批消费品进口环节应缴纳的消费税税额。

要求：计算进口该批小汽车应缴纳的消费税税额。

任务五　应税消费品已纳税款的扣除

一、应税消费品已纳税款扣除

委托加工收回的应税消费品直接出售，不再缴纳消费税。以外购或者委托加工收回的应税消费品作为原料，继续加工生产应税消费品，销售时准予从应纳消费税税额中扣除原已缴纳的消费税税款。

可以抵扣项目如下：

① 外购或委托加工收回的已税烟丝生产的卷烟。

② 外购或委托加工收回的已税高档化妆品生产的高档化妆品。

③ 外购或委托加工收回的已税珠宝玉石生产的贵重首饰及珠宝玉石。

④ 外购或委托加工收回的已税鞭炮焰火生产的鞭炮焰火。

⑤ 外购或委托加工收回的已税杆头、杆身和握把为原料生产的高尔夫球杆。

⑥ 外购或委托加工收回的已税木制一次性筷子为原料生产的木制一次性筷子。

⑦ 外购或委托加工收回的已税实木地板为原料生产的实木地板。

⑧ 以外购或委托加工收回的已税汽油、柴油、石脑油、燃料油、润滑油用于连续生产应税成品油。(不含航空煤油和溶剂油)

⑨ 从葡萄酒生产企业购进、进口葡萄酒连续生产应税葡萄酒。

注意：委托加工连续生产与外购应税消费品连续生产的抵扣范围基本相同。与外购抵税比较，委托加工少了葡萄酒。

二、应税消费品已纳税款扣除的计算

(1) 外购应税消费品扣税计算公式如下：

当期准予扣除的外购应税消费品已纳税款=当期准予扣除的外购应税消费品(当期生产领用数量)买价×外购应税消费品适用税率

(2) 委托加工收回的应税消费品抵税计算公式为：

当期准予扣除的委托加工应税消费品已纳税款=期初库存的委托加工应税消费品已纳税款+当期收回的委托加工应税消费品已纳税款-期末库存的委托加工应税消费品已纳税款

【实训任务 3-7】

案例 3-7 新门卷烟厂为增值税一般纳税人，本月初从另一卷烟生产企业(增值税一般纳税人)购入已税烟丝 100000 元，增值税为 13000 元。本月领用其中一半用于连续加工生产卷烟。已知烟丝的消费税税率为 30%。

分析经济业务内容，计算准予扣除的消费税已纳税款：

准予扣除的外购应税消费品已纳税款 = 100000×30%×50% = 15000(元)

【拓展实训 3-7】

某鞭炮厂(增值税一般纳税人)用外购已税的焰火继续加工高档焰火。6 月企业外购焰火 40 万元，取得增值税专用发票。月初库存外购焰火 30 万元，月末库存焰火 15 万元。已知焰火的消费税税率为 15%。

要求：计算该鞭炮厂本月准予扣除的消费税已纳税款。

模块三　消费税纳税申报表的填制——技能填制

知识目标	技能目标	素质目标
1. 了解消费税纳税申报表的内容。 2. 熟悉消费税纳税申报表主表与附表的关系。	1. 会填制消费税及附加税费申报表主表。 2. 会填制消费税附加税费计算表。	1. 分析申报表各数据之间的勾稽关系，培养学生严谨、细致的职业习惯。 2. 在纳税申报的过程中培养学生依法计税的意识。

知识准备

一、消费税纳税申报概述

消费税纳税申报表是纳税人履行消费税纳税申报义务时，所需要填写并提交的税费申报表。根据国家税务总局《关于增值税、消费税与附加税费申报表整合有关事项的公告》(税总公告〔2021〕20号)决定：自2021年8月1日起，消费税与城市维护建设税、教育费附加、地方教育附加申报表整合，启用《消费税及附加税费申报表》。

二、消费税纳税申报表及其附列资料

新启用《消费税及附加税费申报表》包括“1张通用主表，4张通用附表，3张特定行业附表”：主表《消费税及附加税费申报表》，附表1–1《本期准予扣除税额计算表》，附表1–2《本期准予扣除税额计算表(成品油消费税纳税人适用)》，附表2《本期减免税额明细表》，附表3《本期委托加工收回情况报告表》，附表4《卷烟批发企业月份销售明细清单(卷烟批发环节消费税纳税人适用)》，附表5《卷烟生产企业合作生产卷烟消费税情况报告表(卷烟生产环节消费税纳税人适用)》，附表6《消费税附加税费计算表》。

根据情景导航中的案例，结合中职学生的特点，本教材重点介绍主表《消费税及附加税费申报表》和附表6《消费税附加税费计算表》的内容及填列方式。

(一) 主表《消费税及附加税费申报表》

本表主要用于消费税应纳税额的计算，表格包含税目、税率、销售额、销售数量、本期应纳税额等基本内容、本期应补(退)税额的计算过程，以及附加税费。

(二) 附表6《消费税附加税费计算表》

本表主要用于消费税附加税费的计算，表格包括城市维护建设税、教育费附加、地方教育费附加三个税费。分别从计税基数、税(费)率、本期应纳税(费)额、减免税费额、本期应补(退)税(费)额等方面进行填报。

任务一　填制消费税及附加税费申报表(主表)

【实训任务 3-8】

案例 3-8　分析情境导航中的永盛酒业有限公司 2023 年 3 月的涉税业务，按照案例 3-1~3-3 的计算结果分析，填列“应税消费品名称”栏、第 1~6 栏次、第 14 栏次、第 15 栏次、第 16 栏次和第 17 栏次。

1. 数据填列说明

“应税消费品名称”栏、第 1 栏“定额税率”、第 2 栏“比例税率”和第 3 栏“计量单位”：按照附注 1《应税消费品名称、税率和计量单位对照表》内容对应填写。

第 4 栏“本期销售数量”：填写国家税收法律、法规及相关规定(以下简称“税法”)规定的本期应当申报缴纳消费税的应税消费品销售数量(不含出口免税销售数量)。

第 5 栏“本期销售额”：填写税法规定的本期应当申报缴纳消费税的应税消费品销售额(不含出口免税销售额)。

第 6 栏“本期应纳税额”：按照从价定率、从量定额和复合计税的计算公式计算应纳税额。暂缓征收的应税消费品，不计算应纳税额。

第 14 栏“本期应补(退)税额”：填写纳税人本期应纳税额中应补缴或应退回的数额，计算公式为：本期应补(退)税额=本期应纳税额合计-本期减(免)税额-本期实际扣除税额-本期预缴税额

第 15 栏“城市维护建设税本期应补(退)税额”：填写附表 6《消费税附加税费计算表》“城市维护建设税”对应的“本期应补(退)税(费)额”栏数值。

第 16 栏“教育费附加本期应补(退)费额”：填写附表 6《消费税附加税费计算表》“教育费附加”对应的“本期应补(退)税(费)额”栏数值。

第 17 栏“地方教育附加本期应补(退)费额”：填写附表 6《消费税附加税费计算表》“地方教育费附加”对应的“本期应补(退)税(费)额”栏数值。

2. 数据填报(如表 3-2 所示)

表 3-2　消费税及附加税费申报表

税款所属期：自 2022 年 3 月 1 日至 2022 年 3 月 31 日

纳税人识别号(统一社会信用代码)：618975800045357860

纳税人名称：A 市永盛酒业有限公司　　　　金额单位：人民币元(列至角分)

项目 应税消费品名称	适用税率		计量单位	本期销售数量	本期销售额	本期应纳税额
	定额税率	比例税率				
	1	2	3	4	5	6=1×4+2×5
葡萄酒	—	10%	吨	3.5	168336.28	16833.63
甲类啤酒	250	—	吨	35	166750	8750
白酒	0.5 元/500 毫升	20%	500 毫升	3500	191548.67	40059.73

续表

项目 应税消费品名称	适用税率		计量单位	本期销售数量	本期销售额	本期应纳税额
	定额税率	比例税率				
	1	2	3	4	5	6=1×4+2×5
合计						65643.36

	栏次	本期税费额
本期减(免)税额	7	
期初留抵税额	8	
本期准予扣除税额	9	
本期应扣除税额	10=8+9	
本期实际扣除税额	11[10<(6-7)，则为10，否则为6-7]	
期末留抵税额	12=10-11	
本期预缴税额	13	
本期应补(退)税额	14=6-7-11-13	65643.36
城市维护建设税本期应补(退)税额	15	4595.04
教育费附加本期应补(退)费额	16	1969.30
地方教育附加本期应补(退)费额	17	1312.87

声明：此表是根据国家税收法律法规及相关规定填写的，本人(单位)对填报内容(及附带资料)的真实性、可靠性、完整性负责。

纳税人(签章)：　　年　月　日

经办人： 经办人身份证号：代理机构签章： 代理机构统一社会信用代码：	受理人： 受理税务机关(章)： 受理日期：　年　月　日

任务二　填制消费税附加税费计算表(附表6)

【实训任务 3-9】

案例 3-9　分析情境导航中的 A 市永盛酒业有限公司 2023 年 3 月的涉税业务，按照案例 3-1～3-3 的计算结果，结合《消费税及附加税费申报表》主表的数据分析，填列第 1 栏次、第 2 栏次、第 3 栏次和第 9 栏次数据。

1. 数据填列说明

第 1 栏“消费税税额”：填写主表“本期应补(退)税额”栏数值。

第 2 栏“税(费)率”：填写相应税(费)的税(费)率。

第3栏“本期应纳税(费)额”：填写本期按使用税(费)率计算缴纳的应纳税(费)额。

第9栏“本期应补(退)税(费)额”：填写纳税人本期应纳税额中应补缴或应退回的数额，计算公式为：本期应补(退)税(费)额=本期应纳税(费)额-减免税(费)额-减征额-本期已缴税(费)额。

2. 数据填报(如表3-3所示)

表3-3　消费税附加税费计算表

金额单位：元(列至角分)

税(费)种	计税(费)依据	税(费)率(%)	本期应纳税(费)额	本期减免税(费)额		本期是否适用增值税小规模纳税人“六税两费”减征政策		本期已缴税(费)额	本期应补(退)税(费)额
						□是　□否			
	消费税税额			减免性质代码	减免税(费)额	减征比例(%)	减征额		
	1	2	3=1×2	4	5	6	7=(3-5)×6	8	9=3-5-7-8
城市维护建设税	65643.36	7%	4595.04						4595.04
教育费附加	65643.36	3%	1969.30						1969.30
地方教育附加	65643.36	2%	1312.87						1312.87
合计	—		7877.21						7877.21

小组活动：请各小组自行选择拓展实训3-1～3-3中的任意一个企业，根据实训中的经济业务填制该企业当月的消费税纳税申报表。

模块四　消费税纳税智能申报——一键升华

知识目标	技能目标	素质目标
1. 知道智能报税的网址。 2. 知道智能申报消费税的流程。	1. 会进行消费税纳税申报表主表的申报。 2. 会进行消费税附加税费的申报。	1. 提高会计人员的专业技能，能准确、如实进行税务申报。 2. 培养会计人员举一反三和知识迁移能力。

任务一　消费税智能申报

【实训任务 3-10】

案例 3-10　以情境导航中的 A 市永盛酒业有限公司 2023 年 3 月的涉税业务为例，按照案例 3-1、案例 3-2、案例 3-3 的计算结果，进行消费税及附加税费的申报。

操作步骤：

第一步，登录电子税务局，点击“我要办税”—“税费申报”—“消费税及附加税(费)申报”，选择“填表申报”进入纳税申报表。

第二步，填制纳税申报表。

(1) 选择“消费税及附加税费申报表”(主表)，根据案例信息完成税目、税率、销售数量、销售额的填制，本期应纳税额等数据自动计算，填表完毕后点击“保存”。具体见图 3-1。

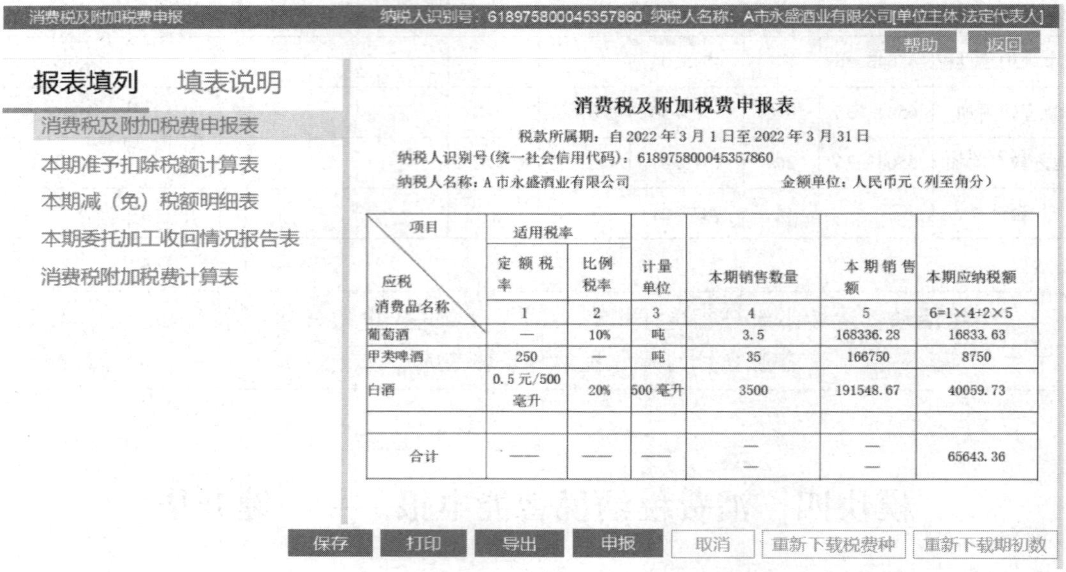

消费税及附加税费申报表

税款所属期：自 2022 年 3 月 1 日至 2022 年 3 月 31 日

纳税人识别号(统一社会信用代码)：618975800045357860

纳税人名称：A 市永盛酒业有限公司　　金额单位：人民币元（列至角分）

项目 / 应税消费品名称	适用税率：定额税率	适用税率：比例税率	计量单位	本期销售数量	本期销售额	本期应纳税额
	1	2	3	4	5	6=1×4+2×5
葡萄酒	—	10%	吨	3.5	168336.28	16833.63
甲类啤酒	250	—	吨	35	166750	8750
白酒	0.5 元/500 毫升	20%	500 毫升	3500	191548.67	40059.73
合计	——	——	——	——	——	65643.36

图 3-1

(2) 选择“附加税费申报表”，主表保存后附加税申报表将自动获取数据，点击“保存”。具体见图 3-2。

(3) 选择“主表”，自动获取附加税费数据，重新保存。

第三步，申报纳税。申报表填制完成后点击“申报”按钮，申报成功后，点击“常用功能”—“税费缴纳”—“扣税(费)款”，勾选“缴税项目”，点击“三方协议扣款”，确定并扣款成功。具体见图 3-3。

消费税及附加税费申报　纳税人识别号：618975800045357860　纳税人名称：A市永盛酒业有限公司[单位主体 法定代表人]

帮助　返回

报表填列　填表说明

消费税及附加税费申报表 已填写
本期准予扣除税额计算表
本期减（免）税额明细表
本期委托加工收回情况报告表
消费税附加税费计算表 已填写

消费税附加税费计算表

金额单位：元（列至角分）

税（费）种	计税（费）依据	税（费）率（%）	本期应纳税（费）额	本期减免税（费）额		本期是否适用增值税小规模纳税人“六税两费”减征政策 □是 ☑否		本期已缴税（费）额	本期应补（退）税（费）额
	消费税税额			减免性质代码	减免税（费）额	减征比例（%）	减征额		
	1	2	3=1×2	4	5	6	7=（3-5）×6	8	9=3-5-7-8
城市维护建设税（市区）	65643.36	0.07	4595.04						4595.04
教育费附加	65643.36	0.03	1969.30						1969.30
地方教育附加	65643.36	0.02	1312.87						1312.87
合计			7877.21						7877.21

保存　打印　导出　申报　取消　重新下载税费种　重新下载期初数

图 3-2

申报结果　×

纳税人申报结果

纳税人名称：A市永盛酒业有限公司
纳税人识别号：618975800045357860

序号	申报凭证种类	税款所属期	申报税额	状态	时间	凭证序号
1	消费税	2022-03-01~2022-03-31	65643.36	申报成功	2022-04-08 15:27:08	10110478587367005

注意：申报已经成功，请您根据自身实际情况进行缴税！
对于未签署三方划款协议的纳税人，请尽快执行【银行端缴税凭证打印】操作，打印凭证后自行到银行缴纳税款。
>>>>>继续办理其他税费申报

关闭　打印

图 3-3

模块五　综合实训——实践运用

一、单项选择题

1. 根据消费税的有关规定，下列消费品中属于消费税征税范围的是(　　)。

A. 电动汽车　　　　B. 奢侈品包包

C. 护肤护发品　　　D. 涂料

2. 依据现行消费税的规定，企业下列行为中，不征收消费税的是(　　)。

A. 自产用于广告宣传的样品化妆品　　B. 自产用于本企业招待的卷烟

C. 委托加工收回后直接销售的白酒　　　D. 抵偿债务的高档手表

3. 下列各项中，按从价从量复合计征消费税的是(　　)。

A. 烟丝　　B. 化妆品　　C. 白酒　　D. 啤酒

4. 以下应税消费品中，适用比例税率的有(　　)。

A. 啤酒　　B. 汽油　　C. 涂料　　D. 黄酒

5. 某酒厂本月销售自产粮食白酒2000斤，共取得不含税销售额100000元。本月应纳消费税为(　　)元。(注：定额税率0.5元/斤，比例税率20%)

A. 1000　　B. 21000　　C. 18500　　D. 25000

6. 某汽车厂的自产小汽车抵偿债务，消费税的计税销售额应选择(　　)。

A. 同类消费品中间价　　　B. 同类消费品加权平均价

C. 同类消费品最高售价　　D. 组成计税价格

7. 应税消费品的消费税征收的主要环节是(　　)。

A. 生产销售环节　　B. 零售环节

C. 移送环节　　D. 进口环节

8. 纳税人自产自用的应税消费品，用于连续生产应税消费品的(　　)。

A. 应纳税　　B. 减半征税　　C. 先征后退　　D. 不纳税

9. 消费税纳税人以1个月为纳税期限的，自期满之日起(　　)内申报纳税。

A. 5日　　B. 10日　　C. 15日　　D. 30日

10. 消费税纳税人采用预收货款结算方式的，其纳税义务发生时间为(　　)。

A. 发出货物的当天　　B. 收到货款的当天

C. 合同规定的收款日当天　　D. 双方约定的任一时间

11. 某生产企业将本厂生产的高档化妆品，作为福利发给本厂职工。该类产品没有同类消费品销售价格。生产成本为85000元，成本利润率为10%，化妆品适用消费税税率为15%，则确定的组成的计税价格为(　　)元。

A. 110000　　B. 16500　　C. 14025　　D. 15000

二、多项选择题

1. 下列货物中采用从量定额征收消费税的是(　　)。

A. 黄酒　　B. 游艇　　C. 润滑油　　D. 雪茄烟

2. 企业生产销售下列货物应征消费税的是(　　)。

A. 珠宝首饰　　B. 食用油　　C. 汽油　　D. 柴油

3. 卷烟消费税的纳税环节包括(　　)。

A. 批发环节　　B. 进口环节

C. 零售环节　　D. 生产销售环节

4. 企业生产销售白酒取得的下列款项中，应并入销售额中计算消费税的有(　　)。

A. 优质费　　B. 包装物租金

C. 品牌利用费　　D. 包装物押金

5. 下列应税消费品适用复合税率的有(　　)。

A. 卷烟　　　　　B. 粮食白酒　　　　　C. 化妆品　　　　　D. 啤酒

6. 按《消费税暂行条例》的规定，下列情形之一的应税消费品，以纳税人同类应税消费品的最高销售价格作为计税依据计算消费税的有(　　)。

A. 用于抵债的应税消费品　　　　　B. 用于馈赠的应税消费品

C. 用于换取生产资料的应税消费品　　　　　D. 对外投资入股的应税消费品

7. 我国消费税分别采用(　　)的计征方法。

A. 从价定额　　　　　B 从量定额　　　　　C. 复合计税　　　　　D. 从价定率

8. 下列各项中应征消费税的是(　　)。

A. 化妆品厂作为样品赠送给客户的香水

B. 用于产品质量查验花费的高尔夫球杆

C. 白酒生产企业向百货公司销售的试制药酒

D. 轮胎厂移送非独立核算门市部待销售的汽车轮胎

9. 应交消费税的产品销售数量确定的原则是(　　)。

A. 销售应税消费品的为应税消费品的销售数量

B. 自产自用应税消费品的为应税消费品的移送使用数量

C. 委托加工应税消费品的为纳税人发出的应税消费品数量

D. 进口应税消费品的为纳税人申报的应税消费品数量

10. 下列应税消费品中，准予扣除外购已税消费税的是(　　)。

A. 以已税烟丝为原料生产的卷烟

B. 以已税珠宝玉石为原料生产的珍贵的珠宝首饰

C. 以已税酒精为原料生产的粮食白酒

D. 以已税润滑油为原料生产的润滑油

三、判断题

1. 应征增值税的货物均应征收消费税。　　(　　)

2. 征收消费税的环节是从生产到流通的各个环节。　　(　　)

3. 纳税人兼营不同税率的应税消费品，如果未分别核算不同税率应税消费品的销售额、销售数量，或者将不同税率的应税消费品组成成套消费品销售的，从低适用税率。　　(　　)

4. 在消费税中，适用复合税率的税目有卷烟和白酒。　　(　　)

5. 应税消费品的销售额，是指纳税人销售应税消费品向购买方收取的全部价款和价外费用，其中也包括向购买方收取的增值税税额。　　(　　)

6. 委托加工的应税消费品，委托方收回后如果经税务检查发现受托方没有代收代缴税款，应由受托方补缴税款，委托方不承担补税责任。　　(　　)

7. 纳税人自产自用的应税消费品用于连续生产应税消费品的不纳税；用于生产非应税消费品的，于移送使用时纳税。　　(　　)

8. 进口环节的消费税由海关代征。　　(　　)

四、计算题

1. 零点摩托车制造公司为增值税一般纳税人，纳税人识别号：580023458875500230。主营生产销售小排量摩托车，适用消费税税率为3%。2023年4月企业发生以下经济业务，请你帮助公司核算本月应交的消费税额。

(1) 4月5日，向当地的摩托车经销商销售摩托车200辆，不含税单价为5000元/辆，开具增值税专用发票，同时款项已全部收到。

(2) 4月12日，通过门市部对外零售摩托车10辆，取得零售收入67800元。

(3) 4月15日，出售24辆摩托车给当地摩托车贸易中心，不含税价款合计为120000元，同时向客户收取提车加急费5000元。所有款项均已收存银行。

(4) 4月18日，因流动资金不足，公司决定用5台摩托车偿还前欠材料供应商的欠款。该摩托车的价格参照本月同类产品的销售价格。

要求：核算该公司2023年4月应缴纳的消费税税额。

2. 新氧化妆品有限公司为增值税一般纳税人，纳税人识别号：475770008597386239。主要生产销售高档化妆品，适用消费税税率为15%。该企业2023年7月发生以下经济业务：

(1) 7月2日，销售A牌化妆品2000套，每套不含税价格为2500元，增值税税率为13%，产品已发出，款项收存银行。

(2) 7月8日，销售B牌化妆品500套，每套不含税价格为3200元，取得销售额1600000元，随同出售包装物一批，单独计价，不含税价款为60000元，所有款项均已收到。

(3) 7月15日，由于销量剧增，企业产量不足，上月委托千盛化妆品有限公司加工了一批A牌化妆品，本月已加工完毕并收回，共发出原材料850000元，支付的加工费为85000元。

(4) 7月19日，将企业研制的一批新型化妆品用作为老用户回馈礼，已知无同类化妆品的销售价格，该批化妆品的生产成本为158000元，化妆品企业成本利润率为10%。

(5) 7月22日，领用从千盛公司委托加工收回的A牌化妆品中的一半，用于作为原料连续生产更高档的C类化妆品，该批C类化妆品本月共销售300套，取得含增值税销售收入1356000元。

(6) 7月27日，本月通过门市部共对外销售B牌化妆品120套，取得销售收入420000元(含税)。

要求：核算该公司2023年7月应缴纳的消费税税额。

五、实训题

要求：根据零点摩托车制造公司2023年4月的经济业务，填制该公司4月的消费税及附加税费申报表。

项目四

企业所得税的计算与智能申报

学习目标

1. 掌握企业所得税的概念和税率。
2. 会计算企业所得税的应纳税所得额和应纳税额。
3. 会填制企业所得税的纳税申报表。
4. 能熟练进行企业所得税网上纳税申报。
5. 养成关注税收政策变化及依法纳税的意识。

情境导航

A 市明珠电器有限公司是一个坐落在 A 市沙坪坝区大学城南路附 109 号的电器生产企业，电话：023-46523388，为增值税一般纳税人，纳税识别号：697654923657865331。企业所得税实行查账征收，按季实际利润预缴，年终汇算清缴。A 市明珠电器有限公司要求会计小李根据 2023 年 12 月的相关财务报表和明细科目发生额，在规定时间内填制企业所得税纳税申报表，进行网上报税，采用现行税制。如果你是小李，请核算 2023 年第四季度应预缴的企业所得税和 2023 年年终汇算清缴应补缴的企业所得税，填制纳税申报表，进行纳税智能申报。

利润表

2023 年 12 月　　会小企 02 表

编制单位：A 市明珠电器有限公司　　单位：元

项目	行次	本年累计金额	本月金额
一、营业收入	1	15813590.00	1253590.00
减：营业成本	2	8484500.00	651130.00

续表

项目	行次	本年累计金额	本月金额
税金及附加	3≥4+5+6+7+8+9+10	59820.00	4000.00
其中：消费税	4		
	5		
城市维护建设税	6	34270.00	2350.00
资源税	7		
土地增值税	8		
城镇土地使用税、房产税、车船税、印花税	9	8006.00	642.00
教育费附加、矿产资源补偿费、排污费	10	17544.00	1008.00
销售费用	11≥12+13	2050000.00	200440.00
其中：商品维修费	12		
广告费和业务宣传费	13	1200000.00	108000.00
管理费用：	14≥15+16+17	1262000.00	156000.00
其中：开办费	15		
业务招待费	16	280000.00	30000.00
研究费用	17		
财务费用	18≥19	200000.00	17000.00
其中：利息费用(收入以“-”填列)	19		
加：投资收益(亏损以“-”填列)	20	10000.00	
二、营业利润	21=1-2-3-11-14-18+20	3767270.00	225020.00
加：营业外收入	22	95120.00	
其中：政府补助	23		
减：营业外支出	24≥25+26+27+28+29	500000.00	
其中：坏账损失	25		
无法回收的长期债券投资损失	26		
无法回收的长期股权投资损失	27		
自然灾害等不可抗力因素造成的损失	28		
税收滞纳金	29		
三、利润总额(亏损总额以“-”号填列)	30=21+22-24	3362390.00	225020.00
减：所得税费用	31	840597.50	70597.50
四、净利润(净亏损以“-”号填列)	32=30-31	2521792.50	154422.50

发生额及余额表

所属期间：2023 年 1 月 1 日至 2023 年 12 月 31 日

单位：A 市明珠电器有限公司　　　　单位：元

总账科目	明细科目	本年累计发生额	方向	期末余额	方向
固定资产	房屋、建筑物			800000.00	借方
	机器、机械和其他生产设备			1000000.00	借方
	器具、工具、家具等			34000.00	借方
	运输工具			24000.00	借方
	电子设备			43500.00	借方
	合计			1901500.00	借方
累计折旧	房屋、建筑物	15580.00	贷方	82304.00	贷方
	机器、机械和其他生产设备	35000.00	贷方	197800.00	贷方
	器具、工具、家具等	4616.00	贷方	23080.00	贷方
	运输工具	2304.00	贷方	11590.00	贷方
	电子设备	7800.00	贷方	56000.00	贷方
	合计	65300.00	贷方	370774.00	贷方
应付职工薪酬	职工工资	2000000.00	贷方		
	各类基本社会保障性缴款	432000.00	贷方		
	住房公积金	80095.00	贷方		
	职工福利费	300000.00	贷方		
	工会经费	38000.00	贷方		
	职工教育经费	120000.00	贷方		
	合计	2970095.00	贷方		
销售费用	职工薪酬	550000.00	借方		
	劳务费	56000.00	借方		
	广告费和业务宣传费	1200000.00	借方		
	折旧费	20000.00	借方		
	办公费	70000.00	借方		
	差旅费	136120.00	借方		
	保险费	16500.00	借方		
	其他	1380.00	借方		
	合计	2050000.00	借方		

续表

总账科目	明细科目	本年累计发生额	方向	期末余额	方向
管理费用	职工薪酬	611800.00	借方		
	咨询顾问费	50000.00	借方		
	业务招待费	280000.00	借方		
	折旧费	30000.00	借方		
	办公费	114200.00	借方		
	差旅费	125000.00	借方		
	保险费	30000.00	借方		
	其他	21000.00	借方		
	合计	1262000.00	借方		
财务费用	手续费	5000.00	借方		
	金融机构贷款利息	180000.00	借方		
	现金折扣	15000.00	借方		
	合计	200000.00	借方		
主营业务收入	销售商品收入	13000000.00	贷方		
	提供劳务收入	2513590.00	贷方		
	合计	15513590.00	贷方		
其他业务收入	销售材料收入	200000.00	贷方		
	出租固定资产收入	100000.00	贷方		
	合计	300000.00	贷方		
投资收益	国债利息收入	10000.00	贷方		
营业外收入	转让固定资产	95120.00	贷方		
主营业务成本	销售商品成本	6100000.00	借方		
	提供劳务成本	2184500.00	借方		
	合计	8284500.00	借方		
其他业务成本	销售材料成本	140000.00	借方		
	出租固定资产成本	60000.00	借方		
	合计	200000.00	借方		
营业外支出	非流动资产处置损失	150000.00	借方		
	赞助支出	300000.00	借方		
	其他	50000.00	借方		
	合计	500000.00	借方		

模块一　背景知识——税制认知

知识目标	技能目标	素质目标
1. 掌握企业所得税的纳税人和征税范围。 2. 掌握企业所得税的税率。 3. 了解国家现有的一些企业所得税的税收优惠。	1. 会区分居民企业和非居民企业的纳税义务。 2. 会区分不同企业适用的税率。 3. 会区分不同企业的纳税期限和纳税地点。	1. 树立依法纳税，不偷税漏税的意识。 2. 了解国家的税收政策，感恩国家的税收优惠。

一、企业所得税的概念

企业所得税是对我国境内的企业和其他取得收入的组织（以下统称企业）的生产经营所得和其他所得征收的一种所得税。

企业所得税的纳税人包括各类企业、事业单位、社会团体、民办非企业单位和从事经营活动的其他组织。

依照中国法律、行政法规成立的个人独资企业和合伙企业不缴纳企业所得税，而是缴纳个人所得税。

二、企业所得税的纳税人

企业所得税的纳税人分为居民企业和非居民企业。

居民企业，是指依法在中国境内成立，或者依照外国（地区）法律成立但实际管理机构在中国境内的企业。

非居民企业，是指依照外国（地区）法律成立且实际管理机构不在中国境内，但在中国境内设立机构、场所的，或者在中国境内未设立机构、场所，但有来源于中国境内所得的企业。

三、企业所得税的征税范围

税收管辖权必须遵从属地原则和属人原则。具体到企业所得税的征收，根据属地原则，一国有权对来源于本国境内的一切所得征税，而不论取得这笔所得的是本国企业还是外国企业；根据属人原则，一国有权对本国企业的一切所得征税，而不论这笔所得来源于本国还是外国。所以，居民企业和非居民企业都负有纳税义务。

<table>
<tr><th colspan="2">纳税人</th><th colspan="2">征税范围</th></tr>
<tr><td colspan="2">居民企业</td><td>全面纳税义务</td><td>就其来源于中国境内、境外的全部所得纳税</td></tr>
<tr><td rowspan="2">非居民企业</td><td>在中国境内设立机构、场所</td><td rowspan="2">有限纳税义务</td><td>①来源于中国境内的所得
②以及发生在中国境外但与其所设机构、场所有实际联系的所得</td></tr>
<tr><td>在中国境内未设立机构、场所，但有来源于中国境内所得</td><td>仅就其来源于中国境内的所得纳税</td></tr>
</table>

四、企业所得税税率与征收率

（一）基本税率25%

居民企业适用25%税率；在中国境内设立机构、场所的非居民企业，应当就其所设机构、场所取得的来源于中国境内的所得，以及发生在中国境外但与其所设机构、场所有实际联系的所得，适用25%税率。

（二）低税率20%

在中国境内未设立机构、场所的非居民企业和虽设立机构、场所但取得的所得与其所设机构、场所没有实际联系的非居民企业，应当就其来源于中国境内的所得缴纳企业所得税，适用20%税率。

（三）优惠税率

（1）符合条件的小型微利企业减按20%的税率。

小知识：小型微利企业是指从事国家非限制和禁止行业，且同时符合年度应纳税所得额不超过300万元、从业人数不超过300人、资产总额不超过5000万元等三个条件的企业。

根据国家税务总局2023年第6号文件规定，2023年1月1日至2024年12月31日，对小型微利企业年应纳税所得额300万元以内的部分，减按25%计入应纳税所得额，按20%税率缴纳企业所得税(实际税负5%)。

（2）国家需要重点扶持的高新技术企业、经认定的技术先进型服务企业，减按15%的税率。

（3）软件企业和集成电路设计企业减按10%的税率。

（4）在中国境内未设立机构、场所的非居民企业和虽设立机构、场所但取得的所得与其所设机构、场所没有实际联系的非居民企业，应当就其来源于中国境内的所得缴纳企业所得税，法定税率20%，但税法规定其享受税收优惠，实际税负10%。

五、企业所得税的税收优惠

税收优惠是政府调控经济的重要手段之一，适当的优惠政策有利于实现国家的社会经济目标。国家分别采用免税收入、减免税、优惠税率、减计收入、加计扣除、加速折旧、应纳税所得额抵扣、税额抵免、民族自治地方优惠等多种优惠方式，对技术创新和科技进步、基础设施建设、农业发展、环境保护、节能节水、安全生产、公益事业等方面给予了企业所得税优惠政策。

六、企业所得税的纳税期限

（1）企业所得税按年计征，分月或者分季预缴，年终汇算清缴，多退少补。

一个纳税年度自公历 1 月 1 日起至 12 月 31 日止；企业在一个纳税年度中间开业，或者终止经营活动，使该纳税年度的实际经营期不足 12 个月的，应当以其实际经营期为一个纳税年度；企业依法清算时，应当以清算期间作为一个纳税年度。

（2）企业应当自月份或者季度终了之日起 15 日内，向税务机关报送预缴企业所得税纳税申报表，预缴税款；应当自年度终了之日起 5 个月内，向税务机关报送年度企业所得税纳税申报表，并汇算清缴，结清应缴应退税款；企业在年度中间终止经营活动的，应当自实际经营终止之日起 60 日内，向税务机关办理当期企业所得税汇算清缴。

（3）分月或者分季预缴企业所得税时，应当按照月度或者季度的实际利润额预缴；按照月度或者季度的实际利润额预缴有困难的，可以按照上一纳税年度应纳税所得额的月度或者季度平均额预缴，或者按照经税务机关认可的其他方法预缴。预缴方法一经确定，该纳税年度内不得随意变更。

（4）企业在纳税年度内无论盈利或者亏损，都应当向税务机关报送预缴企业所得税纳税申报表、年度企业所得税纳税申报表、财务会计报告和税务机关规定应当报送的其他有关资料。

七、企业所得税的纳税地点

（1）居民企业一般以企业登记注册地为纳税地点；登记注册地在境外的，以实际管理机构所在地为纳税地点。居民企业在中国境内设立的不具有法人资格的营业机构，由该居民企业汇总计算并缴纳企业所得税。

（2）非居民企业在中国境内设立机构、场所的，以机构、场所所在地为纳税地点；非居民企业在中国境内未设立机构、场所的，或者虽设立机构、场所但取得的所得与其所设机构、场所没有实际联系的，以扣缴义务人所在地为纳税地点；非居民企业在中国境内设立两个或者两个以上机构、场所，符合国务院税务主管部门规定条件的，可以选择由其主要机构、场所汇总缴纳企业所得税。

（3）除国务院另有规定外，企业之间不得合并缴纳企业所得税。

模块二　企业所得税的计算——税费实训

知识目标	技能目标	素质目标
1. 理解不征税收入和免税收入。 2. 掌握各扣除事项的扣除标准，会辨别调增、调减事项。 3. 理解 5 年内可弥补的亏损。	1. 会进行应纳税所得额的计算。 2. 会根据企业业务资料进行企业所得税纳税调整。 3. 会进行应纳税额的计算。	1. 树立纳税意识，严格依法计税。 2. 养成严谨细致的职业品质。

任务一　分期预缴企业所得税额的计算

知识准备

企业所得税分期预缴可以按月预缴，也可以按季预缴。纳税人分期预缴的企业所得税额，可按上年实际缴纳的企业所得税额的平均额进行计算，也可按当年实际取得的会计利润作为应纳税所得额进行计算。

一、按上年实际缴纳的企业所得税额的平均额进行计算：

分月(或季)预缴税额=上年全年实际缴纳税额÷全年月数(或季数)

二、按当年实际取得的会计利润总额作为应纳税所得额进行计算：

当月(或季)累计应纳税额=当月(或季)累计会计利润总额×适用税率

本月(或季)应预缴税额=本月(或季)累计应纳税额-以前月度(或季度)累计已预缴税额

【实训任务 4-1】

案例 4-1　以情境导航中的 A 市明珠电器有限公司为例，如果你是小李，应在 2024 年 1 月 15 日之前核算并申报 2023 年第四季度的企业所得税，2023 年度前三个季度累计已预缴企业所得税 770000 元，计算结果保留两位小数。

1. 计算第四季度应预缴税额

第四季度累计应纳税额=3362390.00×25%=840597.50(元)

第四季度应预缴税额=840597.50-770000.00=70597.50(元)

2. 预缴企业所得税的会计处理

（1）计算预缴企业所得税

借：所得税费用　　70597.50

　　贷：应交税费—应交企业所得税　　70597.50

（2）结转所得税费用

借：本年利润　　70597.50

　　贷：所得税费用　　70597.50

（3）预缴企业所得税

借：应交税费—应交企业所得税　　70597.50

　　贷：银行存款　　70597.50

【拓展实训 4-1】

远航家具有限责任公司是一家有名的家具生产企业，2023 年发生以下经营业务，作为该公司的会计，请你计算该公司的会计利润总额并核算该公司 2023 年度第四季度应预缴的企业所得税额。该公司按季实际利润预缴，本年累计已预缴企业所得税额 334 万元，计算结果保留两位小数。

根据 2023 年 12 月的利润表显示：全年取得主营业务收入 6500 万元，其他业务收入 700 万元，投资收益 70 万元，营业外收入 50 万元。全年发生营业成本 4000 万元，税金及附加 78 万元，管理费用 400 万元，销售费用 800 万元，财务费用 50 万元，营业外支出 200 万元。

要求：（1）计算 2023 年累计会计利润总额。

（2）计算 2023 年第四季度应预缴的税额。

（3）做出预缴企业所得税的相关会计处理。

任务二　年终汇算清缴企业所得税的计算

知识准备

一、年终汇算清缴企业所得税的计算公式

应纳税额=应纳税所得额×适用税率-减免税额-抵免税额

年终应补缴（或退）税额=应纳税额-本年累计已预缴的税额

二、应纳税所得额的计算

针对居民企业的应纳税所得额计算方法有查账征收和核定征收两种。

（一）查账征收的企业应纳税所得额的计算方法

查账征收是指由纳税人依据账簿记载，先自行计算缴纳，事后经税务机关查账核实，如有不符合税法规定的，要进行纳税调整，对已缴纳税款多退少补。主要适用于会计核算比较健全，能够提供准确税务资料的纳税人。

查账征收的企业应纳税所得额的计算方法有以下两种：

1. 直接计算法

应纳税所得额=收入总额-不征税收入-免税收入-准予扣除项目-允许弥补的以前年度亏损

2. 间接计算法

应纳税所得额=会计利润总额+纳税调增额-纳税调减额

（二）核定征收的企业应纳税所得额的计算方法

纳税人有下列情形之一的，由税务机关核定征收企业所得税：

(1)依照法律、行政法规的规定可以不设置账簿的；

(2)依照法律、行政法规的规定应当设置但未设置账簿的；

(3)擅自销毁账簿或者拒不提供纳税资料的；

(4)虽设置账簿，但账目混乱或者成本资料、收入凭证、费用凭证残缺不全，难以查账的；

(5) 发生纳税义务，未按照规定的期限办理纳税申报，经税务机关责令限期申报，逾期仍不申报的；

(6) 申报的计税依据明显偏低，又无正当理由的。

核定征收的企业应纳税所得额的计算方法如下：

应纳税所得额=应税收入额×应税所得率

或=成本(费用)支出额/(1-应税所得率)×应税所得率

其中，应税收入额=收入总额-不征税收入-免税收入；应税所得率不是税率，是由税务机关预先规定的比例。

三、收入的确定

（一）收入总额

企业以货币形式和非货币形式从各种来源取得的收入为收入总额。包括以下内容：

1. 销售货物收入

企业销售商品、产品、原材料、包装物、低值易耗品以及其他存货取得的收入。

2. 提供劳务收入

企业从事加工、修理修配、建筑安装、交通运输、仓储租赁、金融保险、邮电通信、咨询经纪、文化体育、科学研究、技术服务、教育培训、餐饮住宿、中介代理、卫生保健、社区服务、旅游、娱乐以及其他劳务服务活动取得的收入。

3. 转让财产收入

企业转让固定资产、生物资产、无形资产、股权、债权等财产取得的收入。

4. 股息、红利等权益性投资收益

企业因权益性投资从被投资方取得的收入。

5. 利息收入

企业将资金提供他人使用但不构成权益性投资，或者因他人占用本企业资金取得的收入，包括存款利息、贷款利息、债券利息、欠款利息等收入。

6. 租金收入

企业提供固定资产、包装物或者其他有形资产的使用权取得的收入。

7. 特许权使用费收入

企业提供专利权、非专利技术、商标权、著作权以及其他特许权的使用权取得的收入。

8. 接受捐赠收入

企业接受的来自其他企业、组织或者个人无偿给予的货币性资产、非货币性资产。

9. 其他收入

企业取得的逾期未退包装物押金收入、确实无法偿付的应付款项、已作坏账损失处理后又收回的应收款项、资产溢余收入、债务重组收入、补贴收入、违约金收入、汇兑收益等。

（二）不征税收入

不征税收入是专门从事特定目的的收入，不属于营利性活动带来的经济利益，不应被列入征税范围。下列收入为不征税收入：

1. 财政拨款

是指各级人民政府对纳入预算管理的事业单位、社会团体等组织拨付的财政资金，但国务院和国务院财政、税务主管部门另有规定的除外。

2. 行政事业性收费

是指依照法律法规等有关规定，按照国务院规定程序批准，在实施社会公共管理，以及在向公民、法人或者其他组织提供特定公共服务过程中，向特定对象收取并纳入财政管理的费用。

3. 政府性基金

是指企业依照法律、行政法规等有关规定，代政府收取的具有专项用途的财政资金。

4. 国务院规定的其他不征税收入

是指企业取得的，由国务院财政、税务主管部门规定专项用途并经国务院批准的财政性资金。

（三）免税收入

免税收入是指对企业的某些收入免予征税，即允许企业计算应纳税所得额时将这些收入从收入总额中减除。下列收入为免税收入：

（1）国债利息收入。

（2）符合条件的居民企业之间的股息、红利等权益性投资收益。

（3）在中国境内设立机构、场所的非居民企业从居民企业取得与该机构、场所有实际联系的股息、红利等权益性投资收益。

（4）符合条件的非营利组织的收入。

四、扣除项目的确定

（一）准予扣除项目的一般内容

企业实际发生的与取得收入直接有关的、符合生产经营活动常规，应当计入当期损益或者有关资产成本的必要和正常的支出，包括成本、费用、税金、损失和其他支出，准予在计算应纳税所得额时按规定扣除。

1. 成本

企业在生产经营活动中发生的销售成本、销货成本、业务支出以及其他耗费。

2. 费用

企业在生产经营活动中发生的销售费用、管理费用和财务费用，已经计入成本的有关费用除外。

3. 税金

企业发生的除企业所得税和允许抵扣的增值税以外的各项税金及其附加。

4. 损失

企业在生产经营活动中发生的固定资产和存货的盘亏、毁损、报废损失，转让财产损失，呆账损失，坏账损失，自然灾害等不可抗力因素造成的损失以及其他损失。

5. 其他支出

除成本、费用、税金、损失外，企业在生产经营活动发生的与生产经营活动有关的、合理的支出。

（二）具体扣除项目的范围和标准

成本、费用、税金、损失和其他支出中，有些项目可以据实扣除，有些项目只能按规定的标准扣除，还有一些项目可以加计扣除。

1. 职工福利费、工会经费、职工教育经费

（1）职工福利费不超过工资、薪金总额14%的部分准予扣除，超出部分不予扣除。

（2）工会经费不超过工资、薪金总额2%的部分准予扣除，超出部分不予扣除。

（3）职工教育经费不超过工资、薪金总额8%的部分准予扣除，超出部分准予在以后年度结转扣除。

2. 职工保险费

（1）企业依照国务院有关主管部门或者省级人民政府规定的范围和标准为职工缴纳的基本养老保险费、基本医疗保险费、失业保险费、工伤保险费、生育保险费等基本社会保险费和住房公积金，准予据实扣除。

（2）企业根据国家有关政策规定，为在本企业任职或者受雇的全体员工支付的补充养老保险费、补充医疗保险费，分别在不超过职工工资总额5%标准内的部分准予扣除，超过的部分不予扣除。

（3）企业依照国家有关规定为特殊工种职工支付的人身安全保险费可以据实扣除。

（4）企业参加财产保险、雇主责任险、公众责任险等责任保险按照规定缴纳的保险

费，可以据实扣除。

（5）企业为投资者或者职工支付的其他商业保险费，不得扣除。

3. 业务招待费

企业发生的与生产经营活动有关的业务招待费支出，按照发生额的60%扣除，但最高不得超过当年销售（营业）收入的5‰，超过部分不得扣除。

小知识：当年销售（营业）收入包括销售货物收入、提供劳务收入、租金收入、特许权使用费收入、视同销售收入等，即会计核算中的“主营业务收入”“其他业务收入”和“视同销售收入”，但不包括“营业外收入”和“投资收益”。

4. 广告费和业务宣传费

企业发生的符合条件的广告费和业务宣传费支出，除国务院财政、税务主管部门另有规定外，不超过当年销售（营业）收入15%的部分准予扣除，超过部分准予在以后纳税年度结转扣除。

化妆品制造或销售、医药制造和饮料制造（不含酒类制造）企业发生的广告费和业务宣传费支出，不超过当年销售（营业）收入30%的部分准予扣除，超过部分准予在以后纳税年度结转扣除。

烟草企业的烟草广告费和业务宣传费支出，一律不得扣除。

5. 借款利息

非金融企业向金融企业借款的利息支出、金融企业的各项存款利息支出和同业拆借利息支出、企业经批准发行债券的利息支出，准予据实扣除。

非金融企业向非金融企业借款的利息支出，不超过按照金融企业同期同类贷款利率计算的数额的部分可以扣除，超出部分不予扣除。

6. 公益性捐赠支出

企业通过公益性社会组织或者县级（含县级）以上人民政府及其组成部门和直属机构，用于慈善活动、公益事业的捐赠支出，在年度会计利润总额12%以内的部分准予扣除，超出部分准予结转以后3年内扣除。除特殊规定外，非公益性捐赠不得扣除。

小知识：2019年1月1日至2025年12月31日，企业通过公益性社会组织或者县级（含县级）以上人民政府及其组成部门和直属机构，用于目标脱贫地区的扶贫捐赠支出，准予全额扣除。

7. 加计扣除

为进一步激励企业加大研发投入，更好地支持科技创新，根据国家税务总局2023年第7号文件规定，企业开展研发活动中实际发生的研发费用，未形成无形资产计入当期损益的，在按规定据实扣除的基础上，自2023年1月1日起，再按照实际发生额的100%在税前加计扣除；形成无形资产的，自2023年1月1日起，按照无形资产成本的200%在税前摊销。

企业安置残疾人员的，在按照支付给残疾职工工资据实扣除的基础上，再按照支付给残疾职工工资的100%加计扣除。

小知识：不得加计扣除的6个行业为烟草制造业、住宿和餐饮业、批发和零售业、房地产业、租赁和商务服务业、娱乐业、财政部和国家税务总局规定的其他行业。

（三）不得扣除的项目

《企业所得税法》第十条规定，在计算应纳税所得额时，下列支出不得扣除：

1. 向投资者支付的股息、红利等权益性投资收益

由于股息、红利是对税后利润的分配，本质上不是企业取得经营收入的正常费用支出，因此，不允许在税前扣除。

2. 企业所得税税款

企业所得税税款是以应纳税所得额乘以适用税率算出的，在确定应纳税所得额时是不能去扣除企业所得税税款的。

3. 税收滞纳金

是指企业违反税收法规，被税务机关处以的滞纳金，不允许税前扣除。

4. 罚款、罚金和被没收财物的损失

本质上都是违反了国家法律、法规或行政性规定所造成的损失，不属于正常的经营性支出，不允许在税前扣除。

小知识：行政性罚款，不可税前扣除，其大多依据的是国家法律、行政法规，具有较强的法定性和强制性，如工商登记部门、税务部门、公安部门对企业的罚款。

经营性罚款，可税前扣除，主要是根据经济合同或行业惯例，对企业在经营活动中的违约行为给予的惩罚，如违约金、银行罚息、诉讼费等。

5. 非公益性捐赠支出

除特殊规定外，企业发生的非公益性捐赠支出，如直接向受赠人的捐赠，不允许在税前扣除。

6. 赞助支出

企业发生的与生产经营活动无关的各种非广告性质的支出，不允许在税前扣除。

7. 未经核定的准备金支出

企业允许提取一定比例的资产跌价准备金或减值准备金允许在税前扣除，但未经核定的准备金支出不允许在税前扣除。

8. 与取得收入无关的其他支出

如企业之间支付的管理费、企业内营业机构之间支付的租金和特许权使用费，不得扣除；非银行企业内营业机构之间支付的利息，不得扣除等。

五、允许弥补的以前年度亏损

《企业所得税法》第十八条规定，企业纳税年度发生的亏损，准予向以后年度结转，用以后年度的所得弥补，但结转年限最长不得超过5年。

亏损弥补期连续计算，不得间断，无论弥补期内是盈利还是亏损，都作为实际弥补期计算。连续发生亏损，按先亏先补的顺序弥补。

技能准备

在计算应纳税所得额时，当纳税人的会计处理与税法规定不一致时，应以税法优先原则，按照税法的规定进行纳税调整。

纳税调整增加项	纳税调整减少项
1. 在计算会计利润总额时已全额减除，但超过税法规定扣除标准部分的金额需要调增（如职工福利费、工会经费、职工教育经费、补充医疗和养老保险、业务招待费、广告宣传费、借款利息、公益性捐赠等）	1. 不征税收入、免税收入，应调减（如财政拨款、国债利息收入等） 2. 允许加计扣除的费用，应调减（如研发费用、残疾人工资等）
2. 在计算会计利润总额时已经扣除，但税法规定不得扣除的项目金额需要全额调增（如为职工购买的商业保险费、税收滞纳金、行政性罚款、赞助支出等）	3. 弥补以前年度（5年内）未弥补的亏损额，应调减

【实训任务4-2】

案例4-2 以情境导航中的A市明珠电器有限公司为例，如果你是小李，应在2024年5月31日之前核算并申报2023年的年度企业所得税，计算结果保留两位小数。

1. 计算应纳所得税额

（1）会计利润总额为3362390元；

（2）各项调整：

① 投资收益10000元为国债利息收入，属于免税收入，应调减10000元。

② 销售费用中的广告费和业务宣传费不超过当年销售（营业）收入15%的部分准予扣除，超过部分准予在以后纳税年度结转扣除。当年扣除限额为2372038.5元（15813590×15%），广告费和业务宣传费发生额为1200000元，未超支，不需要调整。

③ 财务费用中的借款利息180000元为向金融机构贷款的利息支出，准予据实扣除，不需调整。

④ 管理费用中的业务招待费按照发生额的60%扣除，但最高不得超过当年销售（营业）收入的5‰，超过部分不得扣除。扣除限额为79067.95元（15813590×5‰）和168000元（280000×60%）的孰小值，则业务招待费不得超过79067.95元，超支的200932.05元（280000−79067.95）不得扣除，需调增200932.05元。

⑤ 职工福利费不超过工资、薪金总额14%的部分准予扣除，超出部分不予扣除。扣除限额为280000元（2000000×14%），发生额为300000元，超支的20000元（300000−

280000）不得扣除，需调增 20000 元。

工会经费不超过工资、薪金总额 2%的部分准予扣除，超出部分不予扣除。扣除限额为 40000 元（2000000×2%），发生额为 38000 元，未超支，不需调整。

职工教育经费不超过工资、薪金总额 8%的部分准予扣除，超出部分准予在以后年度结转扣除。当年扣除限额为 160000 元（2000000×8%），发生额为 120000 元，未超支，不需调整。

⑥ 营业外支出中的赞助费支出 300000 元不得扣除，需全额调增，调增 300000 元。

（3）应纳税所得额＝3362390－10000＋200932.05＋20000＋300000

＝3873322.05（元）

（4）应纳所得税额＝3873322.05×25%＝968330.51（元）

2. 计算年终应补缴（或退）税额

计算年终应补缴（或退）税额＝968330.51－840597.50＝127733.01（元）

3. 年终汇算清缴企业所得税的会计处理

（1）计算应补缴的企业所得税

借：利润分配—未分配利润　　127733.01

　　贷：应交税费—应交企业所得税　　127733.01

（2）补缴企业所得税

借：应交税费—应交企业所得税　　127733.01

　　贷：银行存款　　127733.01

【拓展实训 4-2】

远航家具有限责任公司是一家有名的家具生产企业，2023 年发生以下经营业务，作为该公司的会计，请你对该公司进行企业所得税年终汇算清缴，计算该公司 2023 年度应补缴（或退）的企业所得税额。计算结果保留两位小数。

续【拓展实训 4-1】资料，另根据 2023 年相关账户的发生额及余额显示：

（1）投资收益中包括国债利息收入 20 万元；

（2）管理费用中包括业务招待费 50 万元；

（3）销售费用中包括广告费 300 万元；

（4）财务费用中包括向银行借款支付的利息 20 万元和向非金融企业借款 200 万元支付的利息 16 万元，同期银行贷款利率为 5%；

（5）营业外支出中包括通过民政部门的公益性捐赠 80 万元，直接向某企业捐赠 30 万元，支付银行罚息 5 万元、工商机关罚款 10 万元、税收滞纳金 5 万元；

（6）计入成本、费用中的工资薪金 800 万元，其中包含支付给残疾人职工的 30 万元；

（7）本年实际发生和拨付的职工福利费、工会经费和职工教育费分别为 150 万元、50 万元和 60 万元；为高空作业人员购买人身安全保险 10 万元，另外还为高管购买商业保险 20 万元；

（8）2021 年有 20 万元的亏损尚未弥补。

要求：（1）计算该企业 2023 年度应纳所得税额。

（2）计算该企业年终应补缴（或退）税额。

（3）做出该企业年终汇算清缴企业所得税的会计处理。

模块三　企业所得税纳税申报表的填制——技能填制

知识目标	技能目标	素质目标
1. 知道企业所得税月（季）度申报表和年度申报表的构成。 2. 了解企业所得税纳税申报表填制的顺序与数据之间的关系。	1. 会填制企业所得税月（季）度申报表。 2. 会填制企业所得税年度申报表。	1. 通过掌握各数据之间的勾稽性，养成会计人员的谨慎性。 2. 在纳税申报的过程中保持会计人谨慎的工作作风。

知识准备

一、企业所得税纳税申报概述

企业所得税纳税申报方式分为月（季）报和年报，企业应在规定的期限内采取网上申报方式进行纳税申报，提交纳税申报表和财务会计报表。

二、企业所得税纳税申报表及其附列资料

（一）企业所得税月（季）度申报表

季度终了后，企业应在15日内进行月（季）度预缴所得税的申报，预缴所得税一般按照企业当月（季）实际利润进行预缴。

（二）企业所得税年度申报表

纳税年度终了后，企业应在5个月内进行企业所得税的年度汇算清缴。查账征收的企业年度纳税申报表包括1张基础信息表、1张主表和39张附表。采用围绕主表进行填报的方式，主表数据大部分由附表生成。

（1）基础信息表1张，主要有纳税人的名称、注册地、行业、注册资本、从业人数、股东结构、会计政策、存货办法、对外投资情况等信息。

（2）主表1张，在会计利润总额的基础上，按规定进行纳税调整，计算应纳税所得额及应纳税额。

（3）附表39张：收入费用明细表6张，纳税调整表15张，亏损弥补表1张，税收优惠表11张，境外所得抵免表4张，汇总纳税表2张。

任务一　填制企业所得税月(季)度申报表

【实训任务 4-3】

案例 4-3　以情境导航中的 A 市明珠电器有限公司为例，按照案例 4-1 的计算结果分析，此表格只需填列第 1、2、3、10、11、12、14、16 行。另还需要填写从业人数和资产总额以判断是否符合小型微利企业的条件。公司 2023 年第三季度末从业人数 169 人，第四季度末从业人数 171 人。2023 年第三季度末资产总额 5100 万元，第四季度末资产总额 5180 万元。

1. 数据填列说明

(1) 勾选“按照实际利润额预缴”，勾选一般企业。

(2) 从业人数：第四季度季初 169 人，季末 171 人。季度平均值=(季初值+季末值)÷2=170(人)。

(3) 资产总额(万元)：第四季度季初资产总额 5100 万元，季末资产总额 5180 万元。季度平均值=(季初值+季末值)÷2=5140(万元)。

(4) 国家限制或禁止行业：本企业从事的不是国家限制或禁止行业，选择“否”。

(5) 小型微利企业：本企业不符合小型微利企业认证条件，选择“否”。

(6) 预缴税款计算

第 1 行“营业收入”、第 2 行“营业成本”、第 3 行“利润总额”直接根据利润表中本年累计金额栏的数据填写，三者之间没有勾稽关系，利润总额不等于营业收入-营业成本。

第 10 行：根据表中公式计算填报。

第 11 行：填报 25%。

第 12 行：根据表中公式计算填报。

第 14 行“本年实际已缴纳所得税额”：填报已在此前月(季)度申报预缴企业所得税的本年累计金额。

第 16 行“本期应补(退)所得税额\ 税务机关确定的本期应纳所得税额”：根据表中公式计算填报。

2. 数据填报(如表 4-1 所示)

3. 与税务系统数据核对

表 4-1　A200000 中华人民共和国企业所得税月(季)度预缴纳税申报表(A 类)

税款所属期间：2023 年 10 月 01 日至 2023 年 12 月 31 日

纳税人识别号(统一社会信用代码)：494894792480004366

纳税人名称：A 市明珠电器有限公司　　　　金额单位：人民币元(列至角分)

预缴方式	☑按照实际利润额预缴　☐按照上一纳税年度应纳税所得额平均额预缴　☐按照税务机关确定的其他方法预缴
企业类型	☑一般企业　☐跨地区经营汇总纳税企业总机构　☐跨地区经营汇总纳税企业分支机构

续表

优惠及附报事项有关信息									
项目	一季度		二季度		三季度		四季度		季度平均值
	季初	季末	季初	季末	季初	季末	季初	季末	
从业人数							169	171	170
资产总额(万元)							5100	5180	5140
国家限制或禁止行业	□是 ☑否				小型微利企业				□是 ☑否

附报事项名称		金额或选项
事项1	□扶贫捐赠支出全额扣除(本年累计，元)	
事项2	□软件集成电路企业优惠政策适用类型	□原政策 □新政策

预缴税款计算		本年累计金额
1	营业收入	15813590.00
2	营业成本	8484500.00
3	利润总额	3362390.00
4	加：特定业务计算的应纳税所得额	
5	减：不征税收入	
6	减：资产加速折旧、摊销(扣除)调减额(填写A201020)	
7	减：免税收入、减计收入、加计扣除(7.1+7.2+…)	
8	减：所得减免(8.1+8.2+…)	
9	减：弥补以前年度亏损	
10	实际利润额(3+4-5-6-7-8-9)\ 按照上一纳税年度应纳税所得额平均额确定的应纳税所得额	3362390.00
11	税率(25%)	25%
12	应纳所得税额(10×11)	840597.50
13	减：减免所得税额(13.1+13.2+…)	
14	减：本年实际已缴纳所得税额	770000.00
15	减：特定业务预缴(征)所得税额	
16	本期应补(退)所得税额(12-13-14-15)\ 税务机关确定的本期应纳所得税额	70597.50

汇总纳税企业总分机构税款计算			
17	总机构	总机构本期分摊应补(退)所得税额(18+19+20)	
18		其中：总机构分摊应补(退)所得税额(16×总机构分摊比例____%)	
19		财政集中分配应补(退)所得税额(16×财政集中分配比例____%)	
20		总机构具有主体生产经营职能的部门分摊所得税额(16×全部分支机构分摊比例____%×总机构具有主体生产经营职能部门分摊比例____%)	
21	分支机构	分支机构本期分摊比例	
22		分支机构本期分摊应补(退)所得税额	

续表

<table>
<tr><td colspan="4">实际缴纳企业所得税计算</td></tr>
<tr><td>23</td><td>减：民族自治地区企业所得税地方分享部分：□免征 □减征：减征幅度____%</td><td>本年累计应减免金额 [（12－13－15）×40%×减征幅度]</td><td></td></tr>
<tr><td>24</td><td colspan="2">实际应补（退）所得税额</td><td></td></tr>
<tr><td colspan="4">谨声明：本纳税申报表是根据国家税收法律法规及相关规定填报的，是真实的、可靠的、完整的。
纳税人（签章）：2023 年 12 月 31 日</td></tr>
<tr><td colspan="2">经办人：
经办人身份证号：
代理机构签章：
代理机构统一社会信用代码：</td><td colspan="2">受理人：
受理税务机关（章）：
受理日期：　　年　月　日</td></tr>
</table>

任务二　填制企业所得税年度申报表

【实训任务 4-4】

案例 4-4　以情境导航中的 A 市明珠电器有限公司为例，进行年度申报表的填列。该公司除了需要填写企业所得税年度纳税申报表（主表）外，还需填报企业所得税年度纳税申报基础信息表和涉及的附表。附表主要包括一般企业收入明细表，一般企业成本支出明细表，期间费用明细表，纳税调整项目明细表，职工薪酬支出及纳税调整明细表，广告费和业务宣传费等跨年度纳税调整明细表，资产折旧、摊销及纳税调整明细表，免税、减计收入及加计扣除优惠明细表，企业所得税弥补亏损明细表等 9 张附表。

一、企业所得税年度纳税申报基础信息表

以情境导航中的 A 市明珠电器有限公司为例，填写基础信息表。

1. 数据填列说明

（1）基本经营情况：为必填项目，根据企业的实际情况填写。

（2）有关涉税情况：本企业不存在下列事项，可不填写。

（3）主要股东及分红：为必填项目，根据股东情况填写。

2. 数据填报（如表 4-2 所示）

3. 与税务系统数据核对

表 4-2　A000000 企业所得税年度纳税申报基础信息表

基本经营情况（必填项目）			
101 纳税申报企业类型（填写代码）	100 非跨地区经营企业	102 分支机构就地纳税比例（%）	0
103 资产总额（填写平均值，单位：万元）	5140	104 从业人数（填写平均值，单位：人）	170

续表

105 所属国民经济行业(填写代码)	工业	106 从事国家限制或禁止行业	□是 ☑否
107 适用会计准则或会计制度(填写代码)	200 小企业会计准则	108 采用一般企业财务报表格式(2019 年版)	☑是 □否
109 小型微利企业	□是 ☑否	110 上市公司	□是(□境内□境外) ☑否
有关涉税事项情况(存在或者发生下列事项时必填)			
201 从事股权投资业务	□是	202 存在境外关联交易	□是
203 选择采用的境外所得抵免方式	□分国(地区)不分项 □不分国(地区)不分项		
204 有限合伙制创业投资企业的法人合伙人	□是	205 创业投资企业	□是
206 技术先进型服务企业类型(填写代码)		207 非营利组织	□是
208 软件、集成电路企业类型(填写代码)		209 集成电路生产项目类型	□130 纳米 □65 纳米
210 科技型中小企业 210-1 年(申报所属期年度)入库编号 1		210-2 入库时间 1	
210 科技型中小企业 210-3 年(所属期下一年度)入库编号 2		210-4 入库时间 2	
211 高新技术企业申报所属期年度有效的高新技术企业证书 211-1 证书编号 1		211-2 发证时间 1	
211 高新技术企业申报所属期年度有效的高新技术企业证书 211-3 证书编号 2		211-4 发证时间 2	
212 重组事项税务处理方式	□一般性 □特殊性	213 重组交易类型(填写代码)	
214 重组当事方类型(填写代码)		215 政策性搬迁开始时间	年月
216 发生政策性搬迁且停止生产经营无所得年度	□是	217 政策性搬迁损失分期扣除年度	□是
218 发生非货币性资产对外投资递延纳税事项	□是	219 非货币性资产对外投资转让所得递延纳税年度	□是
220 发生技术成果投资入股递延纳税事项	□是	221 技术成果投资入股递延纳税年度	□是
222 发生资产(股权)划转特殊性税务处理事项	□是	223 债务重组所得递延纳税年度	□是

主要股东及分红情况(必填项目)

股东名称	证件种类	证件号码	投资比例(%)	当年(决议日)分配的股息、红利等权益性投资收益金额	国籍(注册地址)
李航	身份证	5X0030198209121420	50.00%		中华人民共和国
赵超	身份证	5X0123198609071675	20.00%		中华人民共和国
王小冰	身份证	5X0187198806281652	20.00%		中华人民共和国

续表

其余股东合计					

二、企业所得税年度纳税申报表(A类)(主表)

以情境导航中的A市明珠电器有限公司为例，按照案例4-2的计算结果分析，本表需填列第1~6行、第10~13行、第15行、第19行、第23~25行、第28行、第31~33行。有附表的行次需先填写附表，该主表会自动获取附表数据。

1. 数据填列说明

第1行“营业收入”：根据“主营业务收入”和“其他业务收入”的数额填报。需先填报《一般企业收入明细表》(A101010)。

第2行“营业成本”：根据“主营业务成本”和“其他业务成本”的数额填报。需先填报《一般企业成本支出明细表》(A102010)。

第3行“税金及附加”：根据“税金及附加”科目的数额计算填报。

第4行“销售费用”：根据《期间费用明细表》(A104000)中对应的“销售费用”填报。

第5行“管理费用”：根据《期间费用明细表》(A104000)中对应的“管理费用”填报。

第6行“财务费用”：根据《期间费用明细表》(A104000)中对应的“财务费用”填报。

第9行“投资收益”：根据企业“投资收益”科目的数额计算填报。

第10行“营业利润”：根据利润表中“营业利润”的金额填报。

第11行“营业外收入”：根据《一般企业收入明细表》(A101010)填报。

第12行“营业外支出”：根据《一般企业成本支出明细表》(A102010)填报。

第13行“利润总额”：根据利润表中“利润总额”的金额填报。

第15行“纳税调整增加额”：根据《纳税调整项目明细表》(A105000)“调增金额”列填报。

第19行“纳税调整后所得”：根据表中公式填报经过纳税调整后的所得额。

第23行“应纳税所得额”：根据表中公式计算填报。

第24行“税率”：填报税收规定的税率25%。

第25行“应纳所得税额”：按照表中公式计算填报。

第28行“应纳税额”：按照表中公式计算填报。

第31行“实际应纳所得税额”：按照表中公式计算填报。

第32行“本年累计实际已缴纳的所得税额”：填报已累计预缴的所得税额。

第33行“本年应补(退)的所得税额”：填报第31~32行金额。

2. 数据填报(如表4-3所示)

3. 与税务系统数据核对

表 4-3 A100000 中华人民共和国企业所得税年度纳税申报表(A 类)

税款所属期间：2023 年 01 月 01 日至 2023 年 12 月 31 日

纳税人名称：A 市明珠电器有限公司

纳税人识别号：494894792480004366　　　　金额单位：人民币元(列至角分)

行次	类别	项目	金额
1	利润总额计算	一、营业收入(填写 A101010\101020\103000)	15813590.00
2		减：营业成本(填写 A102010\102020\103000)	8484500.00
3		减：税金及附加	59820.00
4		减：销售费用(填写 A104000)	2050000.00
5		减：管理费用(填写 A104000)	1262000.00
6		减：财务费用(填写 A104000)	200000.00
7		减：资产减值损失	
8		加：公允价值变动收益	
9		加：投资收益	10000.00
10		二、营业利润(1-2-3-4-5-6-7+8+9)	3767270.00
11		加：营业外收入(填写 A101010\101020\103000)	95120.00
12		减：营业外支出(填写 A102010\102020\103000)	500000.00
13		三、利润总额(10+11-12)	3362390.00
14	应纳税所得额计算	减：境外所得(填写 A108010)	
15		加：纳税调整增加额(填写 A105000)	520932.05
16		减：纳税调整减少额(填写 A105000)	
17		减：免税、减计收入及加计扣除(填写 A107010)	10000.00
18		加：境外应税所得抵减境内亏损(填写 A108000)	
19		四、纳税调整后所得(13-14+15-16-17+18)	3873322.05
20		减：所得减免(填写 A107020)	
21		减：弥补以前年度亏损(填写 A106000)	
22		减：抵扣应纳税所得额(填写 A107030)	
23		五、应纳税所得额(19-20-21-22)	3873322.05
24	应纳税额计算	税率(25%)	25%
25		六、应纳所得税额(23*24)	968330.51
26		减：减免所得税额(填写 A107040)	
27		减：抵免所得税额(填写 A107050)	
28		七、应纳税额(25-26-27)	968330.51
29		加：境外所得应纳所得税额(填写 A108000)	
30		减：境外所得抵免所得税额(填写 A108000)	
31		八、实际应纳所得税额(28+29-30)	968330.51
32		本年累计实际已缴纳的所得税额	840597.50

续表

行次	类别	项目	金额
33	应纳税额计算	九、本年应补(退)的所得税额(31-32)	127733.01
34		其中：总机构分摊本年应补(退)所得税额(填写 A109000)	
35		财政集中分配本年应补(退)所得税额(填写 A109000)	
36		总机构主体生产经营部门分摊本年应补(退)所得税额(填写 A109000)	

三、一般企业收入明细表

以情境导航中的 A 市明珠电器有限公司为例，根据发生额及余额资料分析，本表须填写第 1 行、第 2 行、第 3 行、第 5 行、第 9 行、第 10 行、第 12 行、第 16 行、第 17 行。

1. 数据填列说明

(1) 填写第 3~8 行中的相关数据。

(2) 填写第 2 行，根据表中公式计算填列。

(3) 填写第 10~15 行中的相关数据。

(4) 填写第 9 行，根据表中公式计算填列。

(5) 填写第 1 行，根据表中公式计算填列。

(6) 填写第 17~26 行中的相关数据。

(7) 填写第 16 行，根据表中公式计算填列。

2. 数据填报(如表 4-4 所示)

3. 与税务系统数据核对

表 4-4　A101010 一般企业收入明细表

行次	项目	金额
1	一、营业收入(2+9)	15813590.00
2	(一)主营业务收入(3+5+6+7+8)	15513590.00
3	1. 销售商品收入	13000000.00
4	其中：非货币性资产交换收入	
5	2. 提供劳务收入	2513590.00
6	3. 建造合同收入	
7	4. 让渡资产使用权收入	
8	5. 其他	
9	(二)其他业务收入(10+12+13+14+15)	300000.00
10	1. 销售材料收入	200000.00
11	其中：非货币性资产交换收入	
12	2. 出租固定资产收入	100000.00
13	3. 出租无形资产收入	

续表

行次	项目	金额
14	4. 出租包装物和商品收入	
15	5. 其他	
16	二、营业外收入(17+18+19+20+21+22+23+24+25+26)	95120.00
17	(一)非流动资产处置利得	95120.00
18	(二)非货币性资产交换利得	
19	(三)债务重组利得	
20	(四)政府补助利得	
21	(五)盘盈利得	
22	(六)捐赠利得	
23	(七)罚没利得	
24	(八)确实无法偿付的应付款项	
25	(九)汇兑收益	
26	(十)其他	

四、一般企业成本支出明细表

以情境导航中的A市明珠电器有限公司为例，根据发生额及余额资料分析，本表须填写第1行、第2行、第3行、第5行、第9行、第10行、第12行、第16行、第17行、第22行、第26行。

1. 数据填列说明

(1) 填写第3~8行中的相关数据。

(2) 填写第2行，根据表中公式计算填列。

(3) 填写第10~15行中的相关数据。

(4) 填写第9行，根据表中公式计算填列。

(5) 填写第1行，根据表中公式计算填列。

(6) 填写第17~26行中的相关数据。

(7) 填写第16行，根据表中公式计算填列。

2. 数据填报(如表4-5所示)

3. 与税务系统数据核对

表4-5　A102010一般企业成本支出明细表

行次	项目	金额
1	一、营业成本(2+9)	8484500.00
2	(一)主营业务成本(3+5+6+7+8)	8284500.00
3	1. 销售商品成本	6100000.00

续表

行次	项目	金额
4	其中：非货币性资产交换成本	
5	2. 提供劳务成本	2184500.00
6	3. 建造合同成本	
7	4. 让渡资产使用权成本	
8	5. 其他	
9	(二)其他业务成本(10+12+13+14+15)	200000.00
10	1. 销售材料成本	140000.00
11	其中：非货币性资产交换成本	
12	2. 出租固定资产成本	60000.00
13	3. 出租无形资产成本	
14	4. 包装物出租成本	
15	5. 其他	
16	二、营业外成本(17+18+19+20+21+22+23+24+25+26)	500000.00
17	(一)非流动资产处置损失	150000.00
18	(二)非货币性资产交换损失	
19	(三)债务重组损失	
20	(四)非常损失	
21	(五)捐赠支出	
22	(六)赞助支出	300000.00
23	(七)罚没支出	
24	(八)坏账损失	
25	(九)无法收回的债券股权投资损失	
26	(十)其他	50000.00

五、期间费用明细表

以情境导航中的A市明珠电器有限公司为例，根据发生额及余额资料分析，本表须填写销售费用的第1、2、5、7、9、13、14、25行和合计数，管理费用的第1、3、4、7、9、13、14、19、25行和合计数，财务费用需填写第6、21、23行和合计数。

1. 数据填列说明

本表各项数据根据情境导航中发生额及余额表填列。

2. 数据填报(如表4-6所示)

3. 与税务系统数据核对

表 4-6　A104000 期间费用明细表

行次	项目	销售费用	其中：境外支付	管理费用	其中：境外支付	财务费用	其中：境外支付
		1	2	3	4	5	6
1	一、职工薪酬	550000.00		311800.00			
2	二、劳务费	56000.00					
3	三、咨询顾问费			20000.00			
4	四、业务招待费			280000.00			
5	五、广告费和业务宣传费	1200000.00					
6	六、佣金和手续费					5000.00	
7	七、资产折旧摊销费	20000.00		30000.00			
8	八、财产损耗、盘亏及毁损损失						
9	九、办公费	70000.00		74200.00			
10	十、董事会费						
11	十一、租赁费						
12	十二、诉讼费						
13	十三、差旅费	136120.00		35000.00			
14	十四、保险费	16500.00		10000.00			
15	十五、运输、仓储费						
16	十六、修理费						
17	十七、包装费						
18	十八、技术转让费						
19	十九、研究费用			500000.00			
20	二十、各项税费						
21	二十一、利息收支					180000.00	
22	二十二、汇兑差额						
23	二十三、现金折扣					15000.00	
24	二十四、党组织工作经费						
25	二十五、其他	1380.00		1000.00			
26	合计(1+2+3+…+25)	2050000.00		1262000.00		200000.00	

六、纳税调整项目明细表

以情境导航中的A市明珠电器有限公司为例，根据案例4-2的计算结果分析，本表须填写第12、14、15、16、18、21、23、31、32行和第45行合计数，其中部分数据应先填写相关附表后自动获取，部分数据需自行填写。

1. 数据填列说明

第12行“二、扣除类调整项目”：根据填报表中公式计算填报。

第14行“(二)职工薪酬”：根据《职工薪酬支出及纳税调整明细表》(A105050)填报。

第15行“(三)业务招待费支出”：第1列“账载金额”填报纳税人会计核算计入当期损益的业务招待费金额。第2列“税收金额”填报按照税收规定允许税前扣除的业务招待费支出的金额。第3列“调增金额”填报第1~2列金额。

第16行“(四)广告费和业务宣传费支出”：根据《广告费和业务宣传费等跨年度纳税调整明细表》(A105060)填报。

第18行“(六)利息支出”：填报利息支出金额。

第21行“(九)赞助支出”：填报赞助支出金额。

第23行“(十一)佣金和手续费支出”：填报手续费金额。

第31行“三、资产类调整项目”：填报表中公式计算填报。

第32行“(一)资产折旧、摊销”：根据《资产折旧、摊销及纳税调整明细表》(A105080)填报。

2. 数据填报(如表4-7所示)

3. 与税务系统数据核对

表4-7 A105000纳税调整项目明细表

行次	项目	账载金额	税收金额	调整金额	调减金额
1	一、收入调整项目(2+3+4+5+6+7+8+10+11)				
2	(一)视同销售收入(填写A105010)				
3	(二)未按权责发生制原则确认的收入(填写A105020)				
4	(三)投资收益(填写A105030)				
5	(四)按权益法核算长期股权投资对初始投资成本调整确认收益				
6	(五)交易性金融资产初始投资调整				
7	(六)公允价值变动净损益				
8	(七)不征税收入				
9	其中：专项用途财政性资金(填写A105040)				
10	(八)销售折扣、折让和退回				
11	(九)其他				

续表

行次	项目	账载金额	税收金额	调整金额	调减金额
12	二、扣除类调整项目(13+14+…24+26+27+28+29+30)			520932.05	
13	(一)视同销售成本(填写 A105010)				
14	(二)职工薪酬(填写 A105050)	2970095.00	2950095.00	20000.00	
15	(三)业务招待费支出	280000.00	79067.95	200932.05	
16	(四)广告费和业务宣传费支出(填写 A105060)	1200000.00	1200000.00	0	
17	(五)捐赠支出(填写 A105070)				
18	(六)利息支出	180000.00	180, 000.00	0	
19	(七)罚金、罚款和被没收财物的损失				
20	(八)税收滞纳金、加收利息				
21	(九)赞助支出	300000.00	0	300000.00	
22	(十)与未实现融资收益相关在当期确认的财务费用				
23	(十一)佣金和手续费支出	5000.00	5000.00	0	
24	(十二)不征税收入用于支出所形成的费用				
25	其中:专项用途财政性资金用于支出所形成的费用(填写 A105040)				
26	(十三)跨期扣除项目				
27	(十四)与取得收入无关的支出				
28	(十五)境外所得分摊的共同支出				
29	(十六)党组织工作经费				
30	(十七)其他				
31	三、资产类调整项目(32+33+34+35)	65300.00	65300.00	0	
32	(一)资产折旧、摊销(填写 A105080)	65300.00	65300.00	0	
33	(二)资产减值准备金				
34	(三)资产损失(填写 A105090)				
35	(四)其他				
36	四、特殊事项调整项目(37+38+…+42)				
37	(一)企业重组及递延纳税事项(填写 A105100)				
38	(二)政策性搬迁(填写 A105110)				
39	(三)特殊行业准备金(填写 A105120)				
40	(四)房地产开发企业特定业务计算的纳税调整额(填写 A105010)				

续表

行次	项目	账载金额	税收金额	调整金额	调减金额
41	（五）合伙企业法人合伙人应分得的应纳税所得额				
42	（六）其他				
43	五、特别纳税调整应税所得				
44	六、其他				
45	合计（1+12+31+36+43+44）	5000395.00	4479462.95	520932.05	

七、职工薪酬支出及纳税调整明细表

以情境导航中的A市明珠电器有限公司为例，根据案例4-2的计算结果分析，本表须填写第1、3、4、5、7、8、9和第13行合计数。

1. 数据填列说明

该表各行需填列第1～6列，第1列“账载金额”：填报计入成本费用的金额；第2列“实际发生额”：分析填报实际发生额；第3列“税收规定扣除率”：填报税收规定的扣除比例；第5列“税收金额”：填报按照税收规定允许税前扣除的金额；第6列“纳税调整金额”：填报第1列至第5列金额。

其中，第5行“按税收规定比例扣除的职工教育经费”由于可以结转到以后年度扣除，所以还需填列第4列和第7列，如无则填0。

2. 数据填报（如表4-8所示）

3. 与税务系统数据

八、广告费和业务宣传费跨年度纳税调整明细表

以情境导航中的A市明珠电器有限公司为例，根据案例4-2的计算结果分析，本表须填写第1～9列和第12、13行。

1. 数据填列说明

第1行“一、本年广告费和业务宣传费支出”：填报本年支出的广告费和业务宣传费金额。

第3行“二、本年符合条件的广告费和业务宣传费支出”：根据表中公式计算填报。

第4行“三、本年计算广告费和业务宣传费扣除限额的销售（营业）收入”：填写计算扣除限额的当年销售（营业）收入。

第5行“税收规定扣除率”：填报税收规定的扣除比例。

第6行“四、本企业计算的广告费和业务宣传费扣除限额”：根据表中公式计算填报。

2. 数据填报（如表4-9所示）

3. 与税务系统数据核对

九、资产折旧、摊销及纳税调整明细表

以情境导航中的A市明珠电器有限公司为例，根据发生额及余额资料和案例4-2的计算结果分析，本表须填写第1～6行的第1～9列。

表 4-8　A105050 职工薪酬支出及纳税调整明细表

行次	项目	账载金额	实际发生额	税收规定扣除率	以前年度累计结转扣除额	税收金额	纳税调整金额	累计结转以后年度扣除额
		1	2	3	4	5	6(1-5)	7(2+4-5)
1	一、工资薪金支出	2000000.00	2000000.00			2000000.00	0.00	
2	其中：股权激励							
3	二、职工福利费支出	300000.00	300000.00	14%		280000.00	20，000.00	
4	三、职工教育经费支出	120000.00	120000.00			120000.00	0.00	0.00
5	其中：按税收规定比例扣除的职工教育经费	120000.00	120000.00	8%		120000.00	0.00	0.00
6	按税收规定全额扣除的职工培训费用			100%				
7	四、工会经费支出	38000.00	38000.00	2%		38000.00	0.00	
8	五、各类基本社会保障性缴款	432000.00	432000.00			432000.00	0.00	
9	六、住房公积金	80095.00	80095.00			80095.00	0.00	
10	七、补充养老保险			5%				
11	八、补充医疗保险			5%				
12	九、其他							
13	合计(1+3+4+7+8+9+10+11+12)	2970095.00	2970095.00			2950095.00	20000.00	0.00

表 4-9　A105060 广告费和业务宣传费跨年度纳税调整明细表

行次	项目	金额
1	一、本年广告费和业务宣传费支出	1200000.00
2	减：不允许扣除的广告费和业务宣传费支出	0.00
3	二、本年符合条件的广告费和业务宣传费支出(1-2)	1200000.00
4	三、本年计算广告费和业务宣传费扣除限额的销售(营业)收入	15813590.00
5	乘：税收规定扣除率	15%
6	四、本企业计算的广告费和业务宣传费扣除限额(4×5)	2372038.50
7	五、本年结转以后年度扣除额(3>6，本行=3-6；3≤6，本行=0)	0.00
8	加：以前年度累计结转扣除额	0.00
9	减：本年扣除的以前年度结转额[3>6，本行=0；3≤6，本行=8 与(6-3)孰小值]	0.00
10	六、按照分摊协议归集至其他关联方的广告费和业务宣传费(10≤3 与 6 孰小值)	
11	按照分摊协议从其他关联方归集至本企业的广告费和业务宣传费	
12	七、本年广告费和业务宣传费支出纳税调整金额 (3>6，本行=2+3-6+10-11；3≤6，本行=2+10-11-9)	0.00
13	八、累计结转以后年度扣除额(7+8-9)	0.00

1. 数据填列说明

(1) 第 2 行至第 7 行填报各类资产有关情况，第 1 行填列第 2~7 行合计数。

(2) 第 1 列、第 4 列：填报资产原值；第 2 列“本年折旧、摊销额”：填报本年资产折旧、摊销额；第 3 列、第 8 列：填报累计(含本年)资产折旧、摊销额；第 5 列“税收折旧、摊销额”：填报允许税前扣除的本年资产折旧、摊销额；第 7 列“加速折旧、摊销统计额”：按第 5-6 列金额填报；第 9 列“纳税调整金额”：填报第 2-5 列金额。

2. 数据填报(如表 4-10 所示)

十、企业所得税弥补亏损明细表

以情境导航中的 A 市明珠电器有限公司为例，根据发生额及余额资料，以前年度无尚未弥补的亏损，本表只须填写本年的第 2 列。

1. 数据填列说明

第 2 列“当年境内所得额”：第 11 行根据主表中纳税调整后的金额填报。

2. 数据填报(如表 4-11 所示)

3. 与税务系统数据核对

十一、免税、减计收入及加计扣除优惠明细表

以情境导航中的 A 市明珠电器有限公司为例，根据发生额及余额资料，本表须填写第 1 行、第 2 行和第 31 行。

表 4-10　A105080 资产折旧、摊销及纳税调整明细表

行次	项目		账载金额			税收金额					纳税调整金额
			资产原值	本年折旧、摊销额	累计折旧、摊销额	资产计税基础	税收折旧、摊销额	享受加速政策的资产按税收一般规定计算的本年折旧、摊销额	加速折旧、摊销统计额	累计折旧、摊销额	
			1	2	3	4	5	6	7=5-6	8	9(2 5)
1	一、固定资产(2+3+4+5+6+7)		1901500.00	65300.00	370774.00	1901500.00	65300.00		65300.00	370774.00	0.00
2	所有固定资产	(一)房屋、建筑物	800000.00	15580.00	82304.00	800000.00	15580.00		15580.00	82304.00	0.00
3		(二)飞机、火车、轮船、机器、机械和其他生产设备	1000000.00	35000.00	197800.00	1000000.00	35000.00		35，000.00	197800.00	0.00
4		(三)与生产经营活动有关的器具、工具、家具等	34000.00	4616.00	23080.00	34000.00	4616.00		4616.00	23080.00	0.00
5		(四)飞机、火车、轮船以外的运输工具	24000.00	2304.00	11590.00	24000.00	2304.00		2304.00	11590.00	0.00
6		(五)电子设备	43500.00	7800.00	56000.00	43500.00	7800.00		7800.00	56000.00	0.00
7		(六)其他									
8	其中：享受固定资产加速折旧及一次性扣除政策的资产加速折旧额大	(一)重要行业固定资产加速折旧(不含一次性扣除)									
9		(二)其他行业研发设备加速折旧									
10		(三)固定资产一次性扣除									
11		(四)技术进步、更新换代固定资产									

续表

行次	项目		账载金额			税收金额					纳税调整金额
			资产原值	本年折旧、摊销额	累计折旧、摊销额	资产计税基础	税收折旧、摊销额	享受加速政策的资产按税收一般规定计算的本年折旧、摊销额	加速折旧、摊销统计额	累计折旧、摊销额	
			1	2	3	4	5	6	7=5-6	8	9(2-5)
12	于一般折旧额的部分	(五)常年强震动、高腐蚀固定资产									
13		(六)外购软件折旧									
14		(七)集成电路企业生产设备									
15	二、生产性生物资产										
16	(一)林木类										
17	(二)畜类										
18	三、无形资产										
19	(一)专利权										
20	(二)商标权										
21	(三)著作权										
22	(四)土地使用权										
23	(五)非专利技术										
24	(六)特许权使用费										

续表

行次	项目	账载金额			税收金额					纳税调整金额
		资产原值	本年折旧、摊销额	累计折旧、摊销额	资产计税基础	税收折旧、摊销额	享受加速政策的资产按税收一般规定计算的本年折旧、摊销额	加速折旧、摊销统计额	累计折旧、摊销额	
		1	2	3	4	5	6	7=5-6	8	9(2-5)
25	（七）软件									
26	其中：享受企业外购软件加速摊销政策									
27	（八）其他									
28	四、长期待摊费用									
29	（一）已足额提取折旧的固定资产的改建支出									
30	（二）租入固定资产的改建支出									
31	（三）固定资产的大修理支出									
32	（四）开办费									
33	（五）其他									
34	五、油气勘探投资									
35	六、油气开发投资									
36	合计（1+15+18+28+34+35）	1901500.00	65300.00	370774.00	1901500.00	65300.00			370774.00	0.00
附列资料	全民所有制企业公司改制资产评估增值政策资产									

表 4-11　A106000 企业所得税弥补亏损明细表

行次	项目	年度	当年境内所得额	分立转出的亏损额	合并、分立转入的亏损额			弥补亏损企业类型	当年亏损额	当年待弥补的亏损额	用本年度所得额弥补的以前年度亏损额		当年可结转以后年度弥补的亏损额
					可弥补年限 5 年	可弥补年限 8 年	可弥补年限 10 年				使用境内所得弥补	使用境外所得弥补	
		1	2	3	4	5	6	7	8	9	10	11	12
1	前十年度	2013	0.00	0.00	*	*	0.00	一般企业	0.00	0.00	0.00	0.00	0.00
2	前九年度	2014	0.00	0.00	*	*	0.00	一般企业	0.00	0.00	0.00	0.00	0.00
3	前八年度	2015	0.00	0.00	*	0.00	0.00	一般企业	0.00	0.00	0.00	0.00	0.00
4	前七年度	2016	0.00	0.00	*	0.00	0.00	一般企业	0.00	0.00	0.00	0.00	0.00
5	前六年度	2017	0.00	0.00	*	0.00	0.00	一般企业	0.00	0.00	0.00	0.00	0.00
6	前五年度	2018	0.00	0.00	0.00	0.00	0.00	一般企业	0.00	0.00	0.00	0.00	0.00
7	前四年度	2019	0.00	0.00	0.00	0.00	0.00	一般企业	0.00	0.00	0.00	0.00	0.00
8	前三年度	2020	0.00	0.00	0.00	0.00	0.00	一般企业	0.00	0.00	0.00	0.00	0.00
9	前二年度	2021	0.00	0.00	0.00	0.00	0.00	一般企业	0.00	0.00	0.00	0.00	0.00
10	前一年度	2022	0.00	0.00	0.00	0.00	0.00	一般企业	0.00	0.00	0.00	0.00	0.00
11	本年度	2023	3873322.05	0.00	0.00	0.00	0.00	一般企业	0.00	0.00	0.00	0.00	0.00
12	可结转以后年度弥补的亏损额合计												0.00

1. 数据填列说明

第1行“一、免税收入”：根据表中公式计算填报。

第2行“(一)国债利息收入免征企业所得税”：填报国债取得的利息收入。

第31行“合计”：根据表中公式计算填报。

2. 数据填报(如表4-12所示)

3. 与税务系统数据核对

表4-12 A107010免税、减计收入及加计扣除优惠明细表

行次	项 目	金 额
1	一、免税收入(2+3+9+…+16)	10000.00
2	(一)国债利息收入免征企业所得税	10000.00
3	(二)符合条件的居民企业之间的股息、红利等权益性投资收益免征企业所得税(4+5+6+7+8)	
4	1. 一般股息红利等权益性投资收益免征企业所得税(填写A107011)	
5	2. 内地居民企业通过沪港通投资且连续持有H股满12个月取得的股息红利所得免征企业所得税(填写A107011)	
6	3. 内地居民企业通过深港通投资且连续持有H股满12个月取得的股息红利所得免征企业所得税(填写A107011)	
7	4. 居民企业持有创新企业CDR取得的股息红利所得免征企业所得税(填写A107011)	
8	5. 符合条件的永续债利息收入免征企业所得税(填写A107011)	
9	(三)符合条件的非营利组织的收入免征企业所得税	
10	(四)中国清洁发展机制基金取得的收入免征企业所得税	
11	(五)投资者从证券投资基金分配中取得的收入免征企业所得税	
12	(六)取得的地方政府债券利息收入免征企业所得税	
13	(七)中国保险保障基金有限责任公司取得的保险保障基金等收入免征企业所得税	
14	(八)中国奥委会取得北京冬奥组委支付的收入免征企业所得税	
15	(九)中国残奥委会取得北京冬奥组委分期支付的收入免征企业所得税	
16	(十)其他(16.1+16.2)	
16.1	1. 取得的基础研究资金收入免征企业所得税	
16.2	2. 其他	
17	二、减计收入(18+19+23+24)	
18	(一)综合利用资源生产产品取得的收入在计算应纳税所得额时减计收入	
19	(二)金融、保险等机构取得的涉农利息、保费减计收入(20+21+22)	
20	1. 金融机构取得的涉农贷款利息收入在计算应纳税所得额时减计收入	
21	2. 保险机构取得的涉农保费收入在计算应纳税所得额时减计收入	
22	3. 小额贷款公司取得的农户小额贷款利息收入在计算应纳税所得额时减计收入	
23	(三)取得铁路债券利息收入减半征收企业所得税	
24	(四)其他(24.1+24.2)	

续表

行次	项　目	金　额
24.1	1. 取得的社区家庭服务收入在计算应纳税所得额时减计收入	
24.2	2. 其他	
25	三、加计扣除(26+27+28+29+30)	
26	(一)开发新技术、新产品、新工艺发生的研究开发费用加计扣除(填写 A107012)	
27	(二)科技型中小企业开发新技术、新产品、新工艺发生的研究开发费用加计扣除(填写 A107012)	
28	(三)企业为获得创新性、创意性、突破性的产品进行创意设计活动而发生的相关费用加计扣除(加计扣除比例及计算方法：____)	
28.1	其中：第四季度相关费用加计扣除	
28.2	前三季度相关费用加计扣除	
29	(四)安置残疾人员所支付的工资加计扣除	
30	(五)其他(30.1+30.2+30.3)	
30.1	1. 企业投入基础研究支出加计扣除	
30.2	2. 高新技术企业设备器具加计扣除	
30.3	3. 其他	
31	合计(1+17+25)	10000.00

模块四　企业所得税纳税智能申报——一键申报

知识目标	技能目标	素质目标
1. 知道智能报税的网址。 2. 知道智能申报企业所得税的流程，先报附表再报主表。	1. 会进行企业所得税纳税申报表的申报。 2. 会进行企业所得税纳税申报表主表和附表的申报。	会计人员要提高专业技能，能准确、如实进行税务申报。

任务一　月(季)度企业所得税智能申报

【实训任务 4-5】

案例 4-5　以情境导航中的 A 市明珠电器有限公司 2023 年度的涉税业务为例，按照案例 4-3 讲解季度申报表申报流程。

操作步骤：

第一步，登录电子税务局，点击“我要办税”—“税费申报”—“企业所得税月(季)度预缴纳税申报表”，选择“填表申报”进入纳税申报表。

第二步，填制纳税申报表。

（1）选择“企业所得税月（季）度预缴纳税申报表”，自动获取相关数据后补充填制相关数据，调整四舍五入差异，填表完毕，点击“保存”。具体见图 4-1。

企业所得税 纳税人识别号：494894792480004366 纳税人名称：明珠电器有限公司

返回

A200000 中华人民共和国企业所得税月（季）度预缴纳税申报表（A 类） A201020 资产加速折旧、摊销（扣除）优惠明细表（附表二） 居民企业参股外国企业信息报告表

中华人民共和国
A200000 企业所得税月（季）度预缴纳税申报表（A 类）

税款所属期间：2023 年 10 月 01 日至 2023 年 12 月 31 日

纳税人识别号（统一社会信用代码）：494894792430004366

纳税人名称：明珠电器有限公司 金额单位：人民币元（列至角分）

从业人数							169	171	170
资产总额（万元）							5100	5180	5140
国家限制或禁止行业	□是 ☑否				小型微利企业				□是 ☑否

附报事项名称		金额或选项
事项 1	（扶贫捐赠支出全额扣除（本年累计，元）	
事项 2	（软件集成电路企业优惠政策适用类型	□原政策□新政策
预缴税款计算		本年累计
1	营业收入	1,5813,590.00
2	营业成本	8,484,500.00
3	利润总额	3,362,390.00
4	加：特定业务计算的应纳税所得额	
5	减：不征税收入	
6	减：资产加速折旧、摊销（扣除）调减额（填写 A201020）	
7	减：免税收入、减计收入、加计扣除（7.1+7.2+...）进入填写界面	
8	减：所得减免（8.1+8.2+...）进入填写界面	
9	减：弥补以前年度亏损	
10	实际利润额（3+4-5-6-7-8-9）\ 按照上一纳税年度应纳税所得额平均额确定的应纳税所得额	3,362,390.00
11	税率（25%）	25%
12	应纳所得税额（10×11）	840,597.50
13	减：减免所得税额（13.1+13.2+...）进入填写界面	
14	减：本年实际已缴纳所得税额	770,000.00
15	减：特定业务预缴（征）所得税额	
16	本期应补（退）所得税额（12-13-14-15）\ 税务机关确定的本期应纳所得税额	70,597.50

汇总纳税企业总分机构税款计算			
17	总机构	总机构本期分摊应补（退）所得税额（18+19+20）	
18		其中：总机构分摊应补（退）所得税额（16×总机构分摊比例 0.00 %）	
19		财政集中分配应补（退）所得税额（16×财政集中分配比例 0.00 %）	
20		总机构具有主体生产经营职能的部门分摊所得税额（16×全部分支机构分摊比例 0.00% ×总机构具有主体生产经营职能部门分摊比例 0.0000 %）	
21	分支机构	分支机构本期分摊比例	
22		分支机构本期分摊应补（退）所得税额	

实际缴纳企业所得税计算			
23	减：民族自治地区企业所得税地方分享部分：□ 免征 □ 减征:减征幅度 0.0000 %)	本年累计应减免金额[（12-13-15）×40%×减征幅度]	
24	实际应补（退）所得税额		

谨声明：本纳税申报表是根据国家税收法律法规及相关规定填报的，是真实的、可靠的、完整的。

纳税人（签章）：2023 年 12 月 31 日

经办人： 经办人身份证号： 代理机构签章： 代理机构统一社会信用代码：	受理人： 受理税务机关（章）： 受理日期： 年 月 日

国家税务总局监制

申报 保存 暂存 导入 取消 附报资料

图 4-1

(2) 选择“资产加速折旧、摊销(扣除)优惠明细表”，自动获取相关数据，填表完毕，点击“保存”。

(3) 选择“居民企业参股外国企业信息报告表”，填报相关数据，点击“保存”。

(一般企业无须填报)

(4) 选择“主表”，重新保存，点击“申报”，查看申报结果。具体见图 4-2。

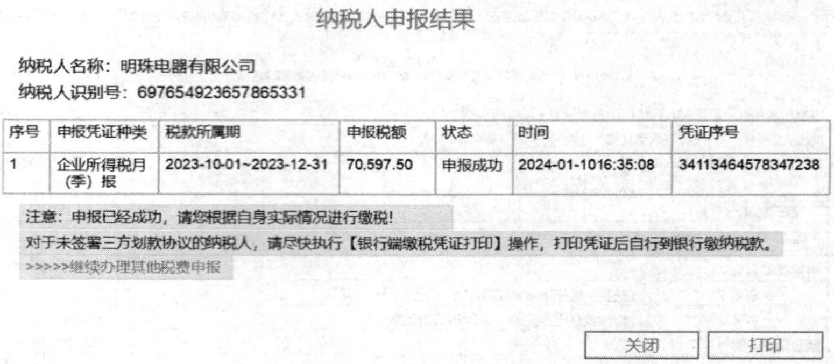
纳税人申报结果

纳税人名称：明珠电器有限公司

纳税人识别号：697654923657865331

序号	申报凭证种类	税款所属期	申报税额	状态	时间	凭证序号
1	企业所得税月(季)报	2023-10-01~2023-12-31	70,597.50	申报成功	2024-01-1016:35:08	34113464578347238

注意：申报已经成功，请您根据自身实际情况进行缴税!

对于未签署三方划款协议的纳税人，请尽快执行【银行端缴税凭证打印】操作，打印凭证后自行到银行缴纳税款。

>>>>>继续办理其他税费申报

关闭 打印

图 4-2

第三步，缴款。

申报成功后，点击“常用功能”—“税费缴纳”—“扣税(费)款”，勾选“缴税项目”，点击“三方协议扣款”，确定并扣款成功。

任务二　年度企业所得税智能申报

【实训任务 4-6】

案例 4-6　以情境导航中的 A 市明珠电器有限公司 2023 年度的涉税业务为例，按照案例 4-4 讲解年度申报表申报流程。

操作步骤：

第一步，登录电子税务局，点击“我要办税”—“税费申报及缴纳”—“按期应申报”—“企业所得税年报(非居民)(2019 版)”。

第二步，勾选需要填列的附表。

第三步，填制基础信息表。

选择“一般企业”，填报“企业所得税年度纳税申报基础信息表”，系统会自动带出相关数据，逐一进行核对，有变化的项目进行修改。填表完毕后点击“保存”。

第四步，填制附表。

分别填写 9 张附表。系统会自动带出相关数据，逐一进行核对，需自行填报的项目根据发生额及余额资料填报，填表完毕，点击“保存”。

第五步，填制主表。

系统自动从附表中获取相关的数据，部分数据需自行填制，填制完成后点击“保存”。具体见图 4-3。

企业所得税年度申报 A 类

暂存 保存 上一步 申报 单表重置 重置 附送资料

报表列表

《封面》
《企业基础信息表》
《中华人民共和国企业所得税年度纳税申报表（A 类）》
《一般收入明细表》
《一般企业成本支出明细表》
《期间费用明细表》
《纳税调整项目明细表》
《职工薪酬支出及纳税调整明细表》
《广告费和业务宣传费跨年度纳税调整明细表》
《资产折旧、摊销及纳税调整明细表》
《企业所得税弥补亏损明细表》
《免税、减计收入及加计扣除优惠明细表》

中华人民共和国企业所得税年度纳税申报表（A 类）

行次	类别	项目	金额
1	利润总额计算	一、营业收入（填写 A101010\101020\103000）	15,813,590.00
2		减：营业成本（填写 A102010\102020\103000）	8,484,500.00
3		减：税金及附加	59,820.00
4		减：销售费用（填写 A104000）	2,050,000.00
5		减：管理费用（填写 A104000）	1,262,000.00
6		减：财务费用（填写 A104000）	200,000.00
7		减：资产减值损失	
8		加：公允价值变动收益	
9		加：投资收益	10,000.00
10		二、营业利润（1-2-3-4-5-6-7+8+9）	3,767,270.00
11		加：营业外收入（填写 A101010\101020\103000）	95,120.00
12		减：营业外支出（填写 A102010\102020\103000）	500,000.00
13		三、利润总额（10+11-12）	3,362,390.00
14	应纳税所得额计算	减：境外所得（填写 A108010）	
15		加：纳税调整增加额（填写 A105000）	520932.05
16		减：纳税调整减少额（填写 A105000）	
17		减：免税、减计收入及加计扣除（填写 A107010）	10,000.00
18		加：境外应税所得抵减境内亏损（填写 A108000）	
19		四、纳税调整后所得（13-14+15-16-17+18）	3,873,322.05
20		减：所得减免（填写 A107020）	
21		减：弥补以前年度亏损（填写 A106000）	
22		减：抵扣应纳税所得额（填写 A107030）	
23		五、应纳税所得额（19-20-21-22）	3,873,322.05
24	应纳税额计算	税率（25%）	25%
25		六、应纳所得税额（23*24）	968,330.51
26		减：减免所得税额（填写 A107040）	
27		减：抵免所得税额（填写 A107050）	
28		七、应纳税额（25-26-27）	968,330.51
29		加：境外所得应纳所得税额（填写 A108000）	
30		减：境外所得抵免所得税额（填写 A108000）	
31		八、实际应纳所得税额（28+29-30）	968,330.51
32		本年累计实际已缴纳的所得税额	840,597.50
33		九、本年应补（退）所得额（31-32）	127,733.01
34		其中：总机构分摊本年应补（退）所得税额（填写 A109000）	
35		财政集中分配本年应补（退）所得税额（填写 A109000）	
36		总机构主体生产经营部门分摊本年应补（退）所得税额（填写 A109000）	

图 4-3

第六步，点击“申报”，查看申报结果。具体见图 4-4。

申报结果 ×

纳税人申报结果

纳税人名称 A市明珠电器有限公司
纳税人识别号：697654923657865331

序号	申报凭证种类	税款所属期	申报税额	状态	时间	凭证序号
2	企业所得税年报	2023-01-01~2023-12-31	127733.01	申报成功	2024-04-25 11:23:08	3216552858732101

注意：申报已经成功，请您根据自身实际情况进行缴税！
对于未签署三方划款协议的纳税人，请尽快执行【银行端缴税凭证打印】操作，打印凭证后自行到银行缴纳税款。
>>>>>继续办理其他税费申报

关闭 打印

图 4-4

第七步，缴款。申报成功后，点击"常用功能"—"税费缴纳"—"扣税(费)款"，勾选"缴税项目"，点击"三方协议扣款"，确定并扣款成功。

模块五 综合实训——实践运用

一、单项选择题

1. 根据《企业所得税法》的有关规定，下列各项中，不属于企业所得税纳税人的是(　　)。

A. 在外国成立但实际管理机构在中国境内的企业

B. 在中国境内成立的外商独资企业

C. 在中国境内成立的个人独资企业

D. 在中国境内未设立机构、场所，但有来源于中国境内所得的企业

2. 根据企业所得税法的规定，下列企业中属于非居民企业的是(　　)。

A. 设在北京市的某国有独资企业

B. 依照百慕大法律设立且管理机构在上海的某公司

C. 总部设在上海的外资企业

D. 依照美国法律成立，未在中国境内设立机构、场所，但有来源于中国境内所得的某公司

3. 按照《企业所得税法》及其实施条例的规定，下列有关企业所得税税率的说法不正确的是(　　)。

A. 居民企业适用税率为25%

B. 非居民企业取得来源于中国境内的所得实际适用税率均为10%

C. 符合条件的小型微利企业适用税率为20%

D. 未在中国境内设立机构、场所的非居民企业，取得中国境内的所得实际适用税率为10%

4. 企业应当自月份或季度终了之日起(　　)日内，向税务机关报送预缴企业所得税申报表，预缴税款。

A. 10　　B. 15　　C. 7　　D. 5

5. 企业每一纳税年度的收入总额，减除(　　)后的余额，为应纳税所得额。

A. 不征税收入、免税收入以及允许弥补的以前年度亏损

B. 不征税收入、免税收入、各项扣除以及允许弥补的以前年度亏损

C. 免税收入、各项扣除以及允许弥补的以前年度亏损

D. 不征税收入、免税收入以及各项扣除

6. 居民企业取得的下列各项收入中，按照《企业所得税法》及其实施条例的规定应并入应纳税所得额征收所得税的是(　　)。

A. 国债利息收入

B. 取得的违约金收入

C. 居民企业从其他居民企业取得的符合条件的投资收益

D. 财政拨款

7. 根据企业所得税法律制度的规定，下列各项中，属于特许权使用费收入的是(　　)。

A. 提供生产设备使用权取得的收入　　B. 提供运输工具使用权取得的收入

C. 提供房屋使用权取得的收入　　D. 提供商标权的使用权取得的收入

8. 根据企业所得税法律制度的规定，下列各项中，属于免税收入的是(　　)。

A. 企业接受社会捐赠收入

B. 转让企业债券取得的收入

C. 已作坏账损失处理后又收回的应收账款

D. 国债利息收入

9. 纳税人计算应纳税所得额时准予扣除的税金包括(　　)。

A. 增值税、消费税、印花税、城市维护建设税、教育费附加、资源税

B. 消费税、印花税、城市维护建设税、教育费附加、关税

C. 增值税、消费税、印花税、城市维护建设税、教育费附加

D. 消费税、印花税、城市维护建设税、教育费附加、企业所得税

10. 根据《企业所得税法》的规定，企业发生的公益性捐赠支出，在年度利润总额(　　)以内的部分，准予在计算应纳税所得额时扣除。

A. 12%　　B. 3%　　C. 10%　　D. 5%

11. 2023 年甲企业取得销售收入 3000 万元，广告费支出 400 万元，上年结转广告费 60 万元。根据企业所得税法律制度的规定，甲企业 2023 年应予扣除的广告费是(　　)万元。

A. 460　　B. 510　　C. 450　　D. 340

12. 2023 年 6 月 1 日非金融企业甲公司向非金融企业乙公司借款 100 万元，用于生产经营，期限为半年，约定年利率为 10%，已知金融企业同期同类贷款年利率为 7.8%，甲公司在计算当年企业所得税应纳税所得额时，准予扣除利息费用的下列计算中，正确的是(　　)。

A. 100×7.8%＝7.8(万元)　　B. 100×10%＝10(万元)

C. 100×10%×50%＝5(万元)　　D. 100×7.8%×50%＝3.9(万元)

13. 根据企业所得税法律制度的规定，下列关于企业所得税税前扣除的表述中，不正确的是(　　)。

A. 企业发生的合理的工资薪金的支出，准予扣除

B. 企业发生的职工福利费支出超过工资薪金总额的 14%的部分，准予在以后纳税年度结转扣除

C. 企业发生的合理的劳动保护支出，准予扣除

D. 企业参加财产保险，按照规定缴纳的保险费，准予扣除

14. 某国家重点扶持的高新技术企业，2021 年亏损 65 万元，2022 年亏损 15 万元，2023 年盈利 200 万元，2023 年该企业应纳的企业所得税税额为(　　)万元。

A. 17　　B. 12　　C. 18　　D. 24

15. 甲公司2023年度企业所得税应纳税所得额1000万元，减免税额10万元，抵免税额20万元。已知企业所得税税率为25%，甲公司当年企业所得税应纳税额的下列计算列式中，正确的是(　　)。

A. 1000×25%−10−20=220(万元)
B. 1000×25%−10=240(万元)
C. 1000×25%=250(万元)
D. 1000×25%−20=230(万元)

二、多项选择题

1. 根据《企业所得税法》及其实施条例判定居民纳税人的标准有(　　)。

A. 注册登记地
B. 实际管理机构
C. 劳务发生地
D. 实际交易发生地

2. 根据《企业所得税法》的规定，下列关于企业所得税的缴纳，说法正确的有(　　)。

A. 居民企业应当就其来源于中国境内、境外的所得缴纳企业所得税
B. 非居民企业在中国境内设立机构、场所的，应当就其所设机构、场所取得的来源于中国境内的所得，缴纳企业所得税
C. 非居民企业在中国境内设立机构、场所的，应当就其发生在中国境外但与其所设机构、场所有实际联系的所得，缴纳企业所得税
D. 非居民企业在中国境内未设立机构、场所的，应当就其来源于中国境内的所得缴纳企业所得税

3. 根据企业所得税法律制度的规定，下列关于企业所得税纳税期限的表述中，正确的有(　　)。

A. 企业在一个纳税年度中间开业，使该纳税年度的实际经营期不足12个月的，应当以其实际经营期为1个纳税年度
B. 企业依法清算时，应当以清算期间作为1个纳税年度
C. 企业所得税按年计征，分月或者分季预缴，年终汇算清缴，多退少补
D. 企业在年度中间停止经营活动的，应当自实际经营终止之日起60日内，向税务机关办理当期企业所得税汇算清缴

4. 按照《企业所得税法》及其实施条例的规定，下列关于企业所得税的表述中，正确的有(　　)。

A. 企业每一纳税年度的收入总额，减除不征税收入、免税收入、各项扣除以及允许弥补的以前年度亏损后的余额，为应纳税所得额
B. 企业的应纳税所得额乘以适用税率，减除依照税法关于税收优惠的规定减免和抵免的税额后的余额，为应纳税额
C. 所有的非居民企业都仅就其来源于中国境内的所得缴纳企业所得税
D. 企业收入总额中包括征税收入、不征税收入、免税收入

5. 下列应计入收入总额的是(　　)。

A. 销售货物收入2000万元
B. 上年已作坏账损失处理后又收回的其他应收款15万元

C. 转让股权收入3000万元

D. 提供技术服务收入500万元

6. 根据企业所得税法律制度的规定，下列企业缴纳的保险费用中，准予在计算应纳税所得额时扣除的有(　　)。

A. 企业财产保险费用

B. 为高空作业人员支付的人身安全商业保险费用

C. 为企业高管支付的人身安全商业保险费用

D. 为企业职工支付的基本养老保险费用

7. 根据企业所得税法律制度的规定，下列各项费用，超过税法规定的扣除标准后，准予在以后纳税年度结转扣除的有(　　)。

A. 工会经费　　B. 职工教育经费

C. 广告费和业务宣传费　　D. 职工福利费

8. 甲企业2023年利润总额为2000万元，工资薪金支出为1500万元，已知在计算企业所得税应纳税所得额时，公益性捐赠支出、职工福利费支出、职工教育经费支出的扣除比例分别不超过12%、14%和8%。下列支出中，允许在计算2023年企业所得税应纳税所得额时全额扣除的有(　　)。

A. 公益性捐赠支出200万元　　B. 职工福利费支出160万元

C. 职工教育经费支出40万元　　D. 本年7月至次年6月的厂房租金50万元

9. 甲电子设备公司缴纳的下列税款中，在计算2023年度企业所得税应纳税所得额时，准予扣除的是(　　)。

A. 增值税180万元

B. 预缴企业所得税税款43万元

C. 城市维护建设税和教育费附加18万元

D. 房产税25万元

10. 根据《企业所得税法》的规定，下列支出项目中，在计算企业所得税应纳税所得额时，不得扣除的有(　　)。

A. 税收滞纳金　　B. 银行按规定加收的罚息

C. 被没收财物的损失　　D. 未经核定的准备金支出

三、判断题

1. 非居民企业在中国境内未设立机构、场所，其来源于中国境内的所得应缴纳的所得税，以支付人为扣缴义务人。(　　)

2. 企业所得税分月或者分季预缴，由纳税人自行选择确定。纳税人预缴企业所得税时，按照月度或者季度的实际利润额预缴或者按照上一纳税年度应纳税所得额的月度或者季度平均额预缴，或者按照其他方法预缴，预缴方式可由纳税人确定。但预缴方法一经确定，该纳税年度内不得随意变更。(　　)

3. 国债利息收入及财政拨款均为不征税收入。(　　)

4. 企业实际发生的与取得收入有关的合理的支出，准予在计算应纳税所得额时扣除。（ ）

5. 企业发生的职工教育经费支出，不超过工资、薪金总额5%的部分准予扣除，超过部分准予在以后纳税年度结转扣除。（ ）

6. 企业为职工支付的补充养老保险、补充医疗保险可以全额扣除。（ ）

7. 某企业2023年销售商品收入1000万元，出售固定资产收入50万元，当年实际发生业务招待费10万元，该企业可在所得税前列支的业务招待费金额是5万元。（ ）

8. 某大型工业企业2023年3月1日，以经营租赁方式租入固定资产使用，租期1年，一次性交付租金12万元。当年企业应纳税所得额时应扣除的租赁费用为12万元。（ ）

9. 在计算应纳税所得额时，违反税法规定被处以的罚款不得扣除，但税收滞纳金可以扣除。（ ）

10. 企业发生的亏损可以在今后5年内弥补，是指以5个盈利年度的利润弥补亏损。（ ）

四、计算题

1. 彦君商贸公司是居民企业，2023年度自行核算实现利润总额为亏损40万元，后经聘请的会计师事务所审计，发现有关情况如下：

（1）计入成本、费用中的实发工资540万元；发生的工会经费15万元、职工福利费82万元、职工教育经费18万元；

（2）4月1日以经营租赁方式租入设备一台，租赁期为2年，一次性支付租金40万元，计入了当期的管理费用；

（3）财务费用中含向非金融机构借款500万元的年利息支出，年利率10%（银行同期同类贷款利率6%）；

（4）当年发生违约金50万元，被消防部门罚款支出5万元。

要求：根据上述资料，计算出每个项目应该做的纳税调整以及2023年该企业应缴纳的企业所得税。

2. A市光明机电有限责任公司为居民企业，2023年发生以下经营业务，以前年度没有亏损需要弥补，无结转待扣除的职工教育经费、广告费和捐赠支出，计算A市光明机电有限责任公司应补缴企业所得税额。业务资料如下：

（1）取得销售收入7000万元，国债利息收入25万元，营业外收入50万元。

（2）销售成本3800万元。

（3）税金及附加120万元。

（4）发生销售费用900万元（其中广告费和业务宣传费600万元）。

（5）发生管理费用600万元（其中业务招待费60万元，统一制作工作服费18万元，人寿保险费20万元，高空作业人身安全保险费20万元，研究开发费20万元，诉讼费2万元，咨询费3万元，办公费60万元）。

（6）发生财务费用80万元（其中向小型贷款公司借款一年期的200万元利息20万元，银行同期贷款利率6%）。

（7）计入成本、费用的工资总额380万元，社会保险费80万元，拨缴的工会经费8万元，支付的职工教育经费15万元，支出的职工福利费60万元。

（8）发生营业外支出85万元（其中直接向某球队赞助30万元，支付卫生监督部门的罚款2万元，公益性捐赠60万元）。

（9）该企业2023年已累计预缴企业所得税288.25万元。

五、实训题

1. 季度企业所得税申报表的填制

A市耀明电器有限公司是实行查账征收的一般纳税人，纳税人识别号：637462983946349234，2023年3月30日有从业人员40人，资产总额1200万元，2023年6月30日有从业人员41人，资产总额1203万元。经税务局确认，按季实际利润预缴企业所得税。该公司2023年6月30日，1~6月利润表中的营业收入550万元，营业成本290万元，利润总额160万元；一季度末利润表中的营业收入225万元，营业成本118万元，利润总额80万元，一季度已经预缴企业所得税4万元。计算填写A市耀明电器有限公司2023年第二季度企业所得税申报表。

2. 年度企业所得税申报表的填制

根据A市光明机电有限责任公司2023年发生的经营业务和计算结果，填写年度企业所得税申报表。

项目五

个人所得税的计算与智能申报

学习目标

1. 掌握个人所得税的概念和税率。
2. 会计算综合所得的应纳税所得额和应纳所得税额。
3. 会计算其他税目的应纳税所得额和应纳所得税额。
4. 能熟练进行个人所得税网上纳税申报。
5. 养成关注税制变化及纳税的意识。

情境导航

A 市沙坪坝农业科学研究所，纳税识别号：234523217789542116Q，本单位为一个事业单位，共有员工 20 人，现给出本公司员工 2022 年 12 月的工资明细表。

沙坪坝农业科学研究所 2022 年 12 月工资计算表

序号	姓名	基本工资	津贴	绩效	请假天数	请假扣款	应发合计	医疗保险+生育(2%+5)	养老保险(8%)	失业保险(0.5%)	住房公积金(12%)	三险一金合计	全年三险合计	1~11月累计收入	全年累计收入	专项附加扣除合计	已预缴个税	本月应交个税	本月实发金额
1	詹海波	6500	2500	3500	0	0	12500	255	1000	62.5	1500	2817.5	33600	145210	157710	36000	600	243.3	9439.2
2	冷秋霜	6400	2500	3500	0	0	12400	253	992	62	1488	2795	32156.4	142000	154400	24000	600	704.36	8900.64
3	海升	6300	2500	3500	0	0	12300	251	984	61.5	1476	2772.5	32568	141050	153350	24000	600	558.2	8969.3
4	周期	5800	2400	3000	0	0	11200	229	896	56	1344	2525	31500	138600	149800	30000	600	249	8426
5	周海霞	5800	2400	3000	0	0	11200	229	896	56	1344	2525	31600	134500	145700	36000	600	0	8675
6	陈武义	5800	2400	3000	0	0	11200	229	896	56	1344	2525	31450	134200	145400	12000	600	1075	7600
7	张智睿	5500	2400	3000	0	0	10900	223	872	54.5	1308	2457.5	31256	134510	145410	24000	600	304.62	8137.88
8	刘农	5500	2400	3000	0	0	10900	223	872	54.5	1308	2457.5	31288	132450	143350	30000	600	61.86	8380.64
9	朱强	5400	2400	3000	0	0	10800	221	864	54	1296	2435	30955	132100	142900	36000	600	0	8365

续表

序号	姓名	基本工资	津贴	绩效	请假天数	请假扣款	应发合计	医疗保险+生育(2%+5)	养老保险(8%)	失业保险(0.5%)	住房公积金(12%)	三险一金合计	全年三险合计	1~11月累计收入	全年累计收入	专项附加扣除合计	已预缴个税	本月应交个税	本月实发金额
10	汪明	5400	2400	3000	0	0	10800	221	864	54	1296	2435	31020	132510	143310	12000	600	909	7456
11	彭双双	5400	2400	3000	1	200	10600	217	848	53	1272	2390	31065	131800	142400	24000	600	220.05	7989.95
12	任明珠	5400	2400	3000	0	0	10800	221	864	54	1296	2435	31400	131462	142262	30000	600	25.86	8339.14
13	张宏伟	5100	2400	3000	0	0	10500	215	840	52.5	1260	2367.5	30950	131600	142100	36000	600	0	8132.5
14	刘忠强	5100	2400	3000	0	0	10500	215	840	52.5	1260	2367.5	31020	132400	142900	12000	600	868	7264.5
15	周波	5100	2400	3000	0	0	10500	215	840	52.5	1260	2367.5	30982	135800	146300	24000	600	339.54	7792.96
16	潘付伟	5100	2400	3000	0	0	10500	215	840	52.5	1260	2367.5	30842	130800	141300	30000	600	13.74	8118.76
17	周青	4800	2300	2800	0	0	9900	203	792	49.5	1188	2232.5	30460	129880	139780	36000	500	0	7667.5
18	张红梅	4800	2300	2800	0	0	9900	203	792	49.5	1188	2232.5	30842	129860	139760	12000	500	671.8	6995.7
19	赵伟	4800	2300	2800	0	0	9900	203	792	49.5	1188	2232.5	30800	128650	138550	24000	500	212.5	7455
20	李丽	4800	2300	2800	0	0	9900	203	792	49.5	1188	2232.5	30860	128700	138600	30000	500	32.2	7635.3

其中，员工詹海波本年初调入本单位，身份证号码：5X0106197912026452，家庭住址：A 市沙坪坝区沙中路 22 号附 1 号 12-4，联系电话：15022134512，邮编：400000。家庭情况如下：有一对子女（身份证号码子：5X010620021002344X，身份证号码女：5X0106200502263312）均在上学，家有一老人（身份证号码：5X0106195603261489）已年满 60 周岁，一家六口住在自己购买的第一套房子里，目前该房子每个月仍有 4000 元的房贷。经夫妻协定，各自全额抵扣一个子女的教育经费，家中老人由詹海波和其兄弟双方各自抵扣 50%，房贷由詹海波扣除。其全年工资收入不全部列出，只罗列 1 月、2 月和全年收入，具体如下。

（1）1 月份应发工资为 10500 元，专项扣除合计 2367.5 元。

（2）2 月份应发工资为 16450 元，专项扣除合计 3706.25 元。

（3）全年应发工资为 157710 元，全年专项扣除合计 33600 元，累计 12 月已预缴个人所得税 600 元。

模块一　背景知识——税制认知

知识目标	技能目标	素质目标
1. 掌握个人所得税的征税对象和征税范围。 2. 掌握个人所得税的各个税目。 3. 了解国家现有的一些个税优惠政策。	1. 会区分个税的各个税目。 2. 会区分居民纳税义务人和非居民纳税义务人。	1. 树立居民纳税光荣的意识。 2. 了解税率调整是国家宏观调控的手段。

一、个人所得税的概念及特点

（一）个人所得税的概念

个人所得税是以个人(自然人)取得的各项应税所得为征税对象所征收的一种所得税。

（二）个人所得税的特点

（1）综合征收与分类征收相结合。个人所得税税制大致分为三大类型：分类所得税制、综合所得税制和混合所得税制，我国个人所得税采用综合征收与分类征收相结合的个人所得税税制。

（2）超额累进税率与比例税率并用。根据各类个人所得税的性质与特点，将两类税率综合运用。其中综合所得、经营所得采用超额累进税率，利息、股利、红利所得、财产租赁所得、财产转让所得、偶然所得和其他所得采用比例税率。

（3）费用扣除额范围较宽。我国本着费用扣除从宽、从简的原则，采用费用定额扣除和定率扣除等多种方法。

（4）源泉扣缴与自行申报相结合。个人所得税以所得人为纳税人，以支付所得的单位或者个人为扣缴义务人。对居民纳税人取得的综合所得，有扣缴义务人的，由扣缴义务人按月或者按次预扣预缴税款。自行申报个人所得税的纳税人，需要下载"个人所得税"App并进行申报填列。

二、个人所得税的纳税义务人

个人所得税的纳税义务人分为居民纳税义务人和非居民纳税义务人。居民纳税义务人具有无限纳税义务，即其来自中国境内和境外的全部所得都要向中国政府纳税。非居民纳税义务人具有有限纳税义务，仅对中国境内所得纳税。

根据《中华人民共和国个人所得税法》第一条规定：在中国境内有住所，或者无住所而一个纳税年度内在中国境内居住累计满一百八十三天的个人，为居民个人。

在中国境内无住所又不居住，或者无住所而一个纳税年度内在中国境内居住累计不满183天的个人，为非居民个人。

纳税年度，自公历1月1日起至12月31日止。

其中承担无限纳税义务的个体工商户、个人独资企业、合伙企业也是个人所得税的居民纳税人。个人独资企业以投资人为纳税人，合伙企业以每一个合伙人(自然人)为纳税人。

三、个人所得税的征收对象及范围

个人所得税的纳税对象是应纳税所得额。所得额的形式包括现金、实物、有价证券和其他形式的经济利益。

根据《中华人民共和国个人所得税法》第二条规定应纳个人所得税的税目如表5-1。

居民个人取得前款第一项至第四项所得(以下称综合所得)，按纳税年度合并计算个人所得税；非居民个人取得前款第一项至第四项所得，按月或者按次分项计算个人所得税。纳税人取得前款第五项至第九项所得，依照本法规定分别计算个人所得税。

表 5-1

(1)	工资、薪金所得	(6)	利息、股息、红利所得
(2)	劳务报酬所得	(7)	财产租赁所得
(3)	稿酬所得	(8)	财产转让所得
(4)	特许权使用费所得	(9)	偶然所得
(5)	经营所得		

四、个人所得税的税率

根据《中华人民共和国个人所得税法》第三条规定个人所得税的税率如下：

（1）综合所得，适用百分之三至百分之四十五的超额累进税率（税率表 5-2）；综合所得包括工资、薪金所得；劳务报酬所得；稿酬所得；特许权使用费所得。

表 5-2 个人所得税税率表（一）
综合所得适用

级数	全月应纳税所得额含税级距	全年应纳税所得额含税级距	税率	速算扣除数	
				按月计算	按年计算
1	不超过 3000 元的	不超过 35000 元的	3%	0	0
2	超过 3000 元至 12000 元的部分	超过 36000 元至 144000 元的部分	10%	210	2520
3	超过 12000 元至 25000 元的部分	超过 144000 元至 300000 元的部分	20%	1410	16920
4	超过 25000 元至 35000 元的部分	超过 300000 元至 420000 元的部分	25%	2660	31920
5	超过 35000 元至 55000 元的部分	超过 420000 元至 660000 元的部分	30%	4410	52920
6	超过 55000 元至 80000 元的部分	超过 660000 元至 960000 元的部分	35%	7160	85920
7	超过 80000 元的	超过 960000 元的	40%	15160	181920

（2）经营所得，适用百分之五至百分之三十五的超额累进税率（税率表 5-3）。

表 5-3 个人所得税税率表（二）
经营所得适用

级数	全年应纳税所得额含税级距（年）	税率	速算扣除数
1	不超过 30000 元的	5%	0
2	超过 30000 元至 90000 元的部分	10%	1500
3	超过 90000 元至 300000 元的部分	20%	10500
4	超过 300000 元至 500000 元的部分	30%	40500
5	超过 500000 元的部分	35%	65500

（3）利息、股息、红利所得，财产租赁所得，财产转让所得和偶然所得，适用比例税率，税率为 20%。

五、个人所得税的税收优惠和其他规定

（一）免征额

2018 年 8 月 31 日起，个人所得免征额为每月 5000 元。

（二）税收优惠

根据《中华人民共和国个人所得税法》第四条规定下列各项个人所得，免征个人所得税：

（1）省级人民政府、国务院部委和中国人民解放军军以上单位，以及外国组织、国际组织颁发的科学、教育、技术、文化、卫生、体育、环境保护等方面的奖金；

（2）国债和国家发行的金融债券利息；

（3）按照国家统一规定发给的补贴、津贴；

（4）福利费、抚恤金、救济金；

（5）保险赔款；

（6）军人的转业费、复员费、退役金；

（7）按照国家统一规定发给干部、职工的安家费、退职费、基本养老金或者退休费、离休费、离休生活补助费；

（8）依照有关法律规定应予免税的各国驻华使馆、领事馆的外交代表、领事官员和其他人员的所得；

（9）中国政府参加的国际公约、签订的协议中规定免税的所得；

（10）国务院规定的其他免税所得。

前款第十项免税规定，由国务院报全国人民代表大会常务委员会备案。

根据《中华人民共和国个人所得税法》第五条规定有下列情形之一的，可以减征个人所得税，具体幅度和期限，由省、自治区、直辖市人民政府规定，并报同级人民代表大会常务委员会备案：

（1）残疾、孤老人员和烈属的所得；

（2）因自然灾害遭受重大损失的。

国务院可以规定其他减税情形，报全国人民代表大会常务委员会备案。

（三）其他相关规定

（1）个人将其所得对教育、扶贫、济困等公益慈善事业进行捐赠，捐赠额未超过纳税人申报的应纳税所得额30%的部分，可以从其应纳税所得额中扣除；国务院规定对公益慈善事业捐赠实行全额税前扣除的，从其规定。

（2）居民个人从中国境外取得的所得，可以从其应纳税额中抵免已在境外缴纳的个人所得税税额，但抵免额不得超过该纳税人境外所得依照本法规定计算的应纳税额。

六、个人所得税的申报缴纳

（一）纳税申报

根据《中华人民共和国个人所得税法》第九条规定个人所得税以所得人为纳税人，以支付所得的单位或者个人为扣缴义务人。

纳税人有中国公民身份号码的，以中国公民身份号码为纳税人识别号；纳税人没有中国公民身份号码的，由税务机关赋予其纳税人识别号。扣缴义务人扣缴税款时，纳税人应当向扣缴义务人提供纳税人识别号。

根据《中华人民共和国个人所得税法》第十条规定有下列情形之一的，纳税人应当依法办理纳税申报：

（1）取得综合所得需要办理汇算清缴；

（2）取得应税所得没有扣缴义务人；

（3）取得应税所得，扣缴义务人未扣缴税款；

（4）取得境外所得；

（5）因移居境外注销中国户籍；

（6）非居民个人在中国境内从两处以上取得工资、薪金所得；

（7）国务院规定的其他情形。

扣缴义务人应当按照国家规定办理全员全额扣缴申报，并向纳税人提供其个人所得和已扣缴税款等信息。

（二）纳税期限

根据《中华人民共和国个人所得税法》第十一条规定居民个人取得综合所得，按年计算个人所得税；有扣缴义务人的，由扣缴义务人按月或者按次预扣预缴税款；需要办理汇算清缴的，应当在取得所得的次年3月1日至6月30日内办理汇算清缴。预扣预缴办法由国务院税务主管部门制定。

居民个人向扣缴义务人提供专项附加扣除信息的，扣缴义务人按月预扣预缴税款时应当按照规定予以扣除，不得拒绝。

非居民个人取得工资、薪金所得，劳务报酬所得，稿酬所得和特许权使用费所得，有扣缴义务人的，由扣缴义务人按月或者按次代扣代缴税款，不办理汇算清缴。

根据《中华人民共和国个人所得税法》第十二条规定纳税人取得经营所得，按年计算个人所得税，由纳税人在月度或者季度终了后15日内向税务机关报送纳税申报表，并预缴税款；在取得所得的次年3月31日前办理汇算清缴。

纳税人取得利息、股息、红利所得，财产租赁所得，财产转让所得和偶然所得，按月或者按次计算个人所得税，有扣缴义务人的，由扣缴义务人按月或者按次代扣代缴税款。

根据《中华人民共和国个人所得税法》第十四条规定扣缴义务人每月或者每次预扣、代扣的税款，应当在次月15日内缴入国库，并向税务机关报送扣缴个人所得税申报表。

模块二　个人所得税的计算——税费实训

知识目标	技能目标	素质目标
1. 理解个人所得税所包含的各个税目。 2. 记住综合所得核算的内容。 3. 知道附加扣除的各个项目以及可扣除的金额和比例。	1. 会运用综合所得应纳税额的计算公式。 2. 会运用其他税目下应纳税额的计算公式。	1. 树立纳税光荣的意识。 2. 养成自主纳税的意识。

任务一　综合所得应纳税额的计算

知识准备

一、综合所得的含义

综合所得包括工资、薪金所得；劳务报酬所得；稿酬所得；特许权使用费所得。

（1）工资薪金所得：是指个人因任职或受雇而取得的工资、薪金、奖金、年终加薪、劳动分红、津贴、补贴以及任职或受雇有关的其他所得。其中纳入工资薪金部分，但是不予征税的项目：独生子女补贴；执行公务员制度未纳入基本工资的补贴、津贴、副食补贴等；托儿补助费；差旅费津贴、误餐补助等。

（2）劳务报酬所得：是指个人独立从事各种非雇佣的劳务所取得的所得。如设计、装潢、安装、制图、医疗、法律、会计、咨询、讲学、新闻、广播、翻译、审稿、书法、雕刻、影视、录像、录音、演出、表演、广告、展览、介绍服务、技术服务、经纪服务、代办服务等。

（3）稿酬所得：是指个人因其作品以图书、报刊形式出版、发表而取得的所得。稿酬所得的收入额按照所取得收入的70%核算。

（4）特许权使用费所得：是指个人提供专利权、商标权、著作权、非专利技术以及其他特许权的使用权取得的收入。

二、专项扣除的含义

专项扣除包括居民个人按照国家规定的范围和标准缴纳的基本养老保险、基本医疗保险、失业保险等社会保险费和住房公积金等。

三、专项附加扣除的含义

专项附加扣除，根据《个人所得税专项附加扣除暂行办法》规定个人所得税专项附加扣除，是指个人所得税法规定的子女教育、继续教育、大病医疗、住房贷款利息或者住房租金、赡养老人和3岁以下婴幼儿照护等7项专项附加扣除，具体范围、标准和实施步骤由国务院确定，并报全国人民代表大会常务委员会备案(表5-4)。

表5-4　专项附加扣除

专项附加扣除项目	具体内容	扣除标准	扣除方式
子女教育	1. 学历教育包括义务教育(小学、初中教育)、高中阶段教育(普通高中、中等职业、技工教育)、高等教育(大学专科、大学本科、硕士研究生、博士研究生教育)； 2. 学前教育阶段，指3岁至小学阶段	2000元/月	父母一方扣除100%，或者双方各自扣除50%

续表

专项附加扣除项目	具体内容	扣除标准	扣除方式
继续教育	1. 在中国境内接受学历（学位）继续教育的支出； 2. 接受技能人员职业资格继续教育、专业技术人员职业资格继续教育的支出	1. 400 元/月，不超过 48 个月 2. 3600 定额扣除	接受学历教育或者继续教育本人全额扣除
大病医疗	在一个纳税年度内，纳税人发生的与基本医保相关的医药费用支出，扣除医保报销后个人负担（指医保目录范围内的自付部分）累计超过15000 元的部分	80000 元限额内据实扣除	1. 本人或者其配偶全额扣除。 2. 未成年子女的医药费，由父母一方扣除
住房贷款利息	首套住房贷款利息支出，在实际发生贷款利息的年度可扣除。纳税人只能享受一次首套住房贷款的利息扣除	1000 元/月	购买方全额扣除或者夫妻双方各自 50%
住房租金	1. 直辖市、省会（首府）城市、计划单列市以及国务院确定的其他城市租房； 2. 市辖区户籍人口超过 100 万的城市租房； 3. 市辖区户籍人口不超过 100 万的城市租房	1500 元/月 1100 元/月 800 元/月	
赡养老人	赡养一位及以上被赡养人的赡养支出，被赡养人是指年满 60 岁的父母，以及子女均已去世的年满 60 岁的祖父母、外祖父母	3000 元/月	1. 独生子女全额扣除； 2. 非独生子女的，均摊或者约定分摊
3 岁以下婴幼儿照护	3 岁以下婴幼儿照护费用	2000 元/月	父母一方扣除 100%，或者双方各自扣除 50%

四、综合所得计算公式

技能准备

实际工作中个人综合所得的工资、薪金部分由纳税人所在单位代扣代缴，年初单位可为纳税人选择按月计税还是按全年累计扣除额计税。而综合所得中劳务报酬、稿酬、特许权使用费以次为单位计税，由发放单位按次预扣预缴。

工资薪金选择按月计税：

当月应纳税所得额＝累计收入－累计减除费用（5000 元/月）－累计专项扣除－累计附加扣除项

当月应纳所得税额＝应纳税所得额×税率－速算扣除数－累计已预缴税额

劳务报酬、稿酬、特许权使用费按次计税：

每次收入不超过 4000 元的：

预扣预缴应纳税所得额=每次收入额-800 元

预扣预缴所得税额=应纳税所得额×适用税率

每次收入超过 4000 元的：

预扣预缴应纳税所得额=每次收入额×(1-20%)

预扣预缴所得税额=应纳税所得额×预扣率-速算扣除数

其中居民劳务报酬所得预扣预缴税率如表 5-5 所示，稿酬、特许权使用费预扣率均为 20%，特别注意稿酬减按 70%缴税。

表 5-5

级数	预扣预缴应纳税所得额	预扣率(%)	速算扣除数
1	不超过 20000 元	20	0
2	超过 20000 元至 50000 元部分	30	2000
3	超过 50000 元部分	40	7000

【实训任务 5-1】

案例 5-1 以导航案例中詹海波 1 月份应发工资为 10500 元，专项扣除合计 2367.5 元，2 月份应发工资为 16450 元，专项扣除合计 3706.25 元，全年累计收入为 157710 元，全年专项扣除合计为 33600 元，已预缴个税 600 元为例讲解公司如何代扣代缴个人所得税。

说明：本公司年初已选择按月计税的方式预缴个人所得税。

1 月工资薪金预扣预缴应纳税所得额=10500-5000-2367.5-3000=132.5(元)

1 月工资薪金预扣预缴应纳所得税额=132.5×3%=3.98(元)

2 月工资薪金预扣预缴应纳税所得额

=16450+10500-5000×2-3706.25-2367.5-3000×2=4876.25(元)

2 月工资薪金预扣预缴应纳所得税额=4876.25×10%-210-3.98=273.65(元)

12 月工资薪金预扣预缴应纳税所得额=157710-60000-33600-36000=28110(元)

12 月工资薪金预扣预缴应纳所得税额=28110×3%-600=243.3(元)

小组任务：请查阅资料和税率，思考若选择按年计税的方式，詹海波在 1 月、2 月份和 12 月份将缴纳多少个人所得税？

【拓展实训 5-1】

某中职学校文化艺术专业尹红老师(身份证号码：5X0223198002051668)为一高级教师，她的女儿(身份证号码：5X0223200510247854)正在读某高级中学，儿子不满三岁(身份证号码：5X0223202111236541)，尚未入学，家有父母均年满 60 周岁(身份证号码分别为：5X0223196103145612，5X0231196202194353)。按照家庭协定，女儿教育支出由尹老师扣除，儿子由其家人扣除，父母由尹老师和她的弟弟一人扣除 50%。2023 年尹老师年部分工资薪金明细如下，已知单位已选择以全年累计扣除额计税。

（1）1月份应发工资9600元，专项扣除及其他可扣除项目合计2100元。

（2）5月份累计发放工资43150元，专项扣除及其他可扣除项目合计8430元，已预缴个人所得税446元。

要求：(1)计算尹老师1月份由单位代扣代缴的个人所得税。

（2）计算尹老师5月份由单位代扣代缴的个人所得税。

【实训任务5-2】

案例5-2 假设张海峰5月份为海航公司更改一次设计图，报酬为税前4500元，请计算海航公司将预扣预缴多少个人所得税。

预扣预缴应纳所得税额＝4500×(1－20%)×20%＝720(元)

假设李海峰8月份在A市大学出版社发表论文获稿酬5000元，请计算A市大学出版社将预扣预缴多少个人所得税。

预扣预缴应纳所得税额＝5000×(1－20%)×(1－30%)×20%＝560(元)

假设李海峰在12月转让自己的一项专利技术，税前18万元。请计算受让公司应预扣预缴多少个人所得税。

预扣预缴应纳所得税额＝180000×(1－20%)×20%＝28800(元)

【拓展实训5-2】

公民周启发在5月份的时候出版了一本漫画书，获稿酬24000元。7月份完成了一项设计，获得劳务报酬8000元。上述金额均为税前金额。

要求：(1)计算周启发的稿酬应缴纳的个人所得税。

（2）计算周启发的劳务报酬应缴纳的个人所得税。

（3）综合所得年终汇算时计算公式。

技能准备

综合所得年终汇算清缴一般在次年3月1日到6月30日进行，由个人登录“个人所得税”App，系统自动计算生成。现将系统计算的公式进行讲解如下。

综合所得＝年度应税收入－减除费用－专项扣除－专项附加扣除和其他依法规定的其他扣除

应纳所得税额＝综合所得×税率－速算扣除数

【实训任务5-3】

案例5-3 假设某设计公司职工李红梅，2023年全年工资、薪金收入合计160000元，专项扣除全年合计35000元，专项附加扣除全年合计12000元，5月为某单位更改设计图获得劳务报酬7200元，11月转让专利技术一项，获报酬20000元。请根据李红梅全年综合收入计算其全年应纳个人所得税额。

李红梅全年综合所得＝

160000+7200×(1-20%)+20000×(1-20%)-60000-35000-12000=74760(元)

应纳所得税额=74760×10%-2520=4956(元)

【拓展实训 5-3】

公民潘小荣 2023 年全年收入如下：

(1) 全年工资、薪金收入共计 154000 元，三险一金全年合计 31551.5 元，附加扣除 2000 元每月。

(2) 为某单位提供培训，获得劳务报酬 8000 元。

(3) 9 月发表漫画一组，获得稿酬 5000 元。

要求：计算潘小荣 2023 年全年综合所得应纳所得税额。

小组活动：请各小组思考，如若平时已预扣预缴，年终汇算清缴时该补(退)税额该如何计算?

任务二　经营所得应纳税额的计算

知识准备

一、经营所得概念

经营所得是指：个体工商户从事生产、经营活动取得的所得，个人独资企业投资人、合伙企业的个人合伙人来源于境内注册的个人独资企业、合伙企业生产、经营的所得；个人依法从事办学、医疗、咨询以及其他有偿服务活动取得的所得；个人对企业、事业单位承包经营、承租经营以及转包、转租取得的所得；个人从事其他生产、经营活动取得的所得。

二、经营所得适用税率

根据《中华人民共和国个人所得税法》第三条及第六条，经营所得，以每一纳税年度的收入总额减除成本、费用以及损失后的余额，为应纳税所得额，适用 5%至 35%的超额累进税率。

三、经营所得税前扣除标准

(1) 经营所得以每一纳税年度的收入总额减除成本、费用以及损失后的余额，为应纳税所得额。其中成本、费用，是指生产、经营活动中发生的各项直接支出和分配计入成本的间接费用以及销售费用、管理费用、财务费用；损失，是指生产、经营活动中发生的固定资产和存货的盘亏、毁损、报废损失，转让财产损失，坏账损失，自然灾害等不可抗力因素造成的损失以及其他损失。

（2）取得经营所得的个人，没有综合所得的，计算其每一纳税年度的应纳税所得额时，应当扣除基本减除费用标准 6 万元、专项扣除、专项附加扣除以及依法确定的其他扣除。专项附加扣除在办理汇算清缴时减除。

（3）特别说明：

① 对个体工商户业主投资者的生产经营依法计征个人所得税时，个体工商户业主投资者本人的费用扣除标准统一确定为 60000 元/年，投资者的工资不得在税前扣除。

② 个体工商户向其从业人员实际支付的合理的工资、薪金支出，允许在税前据实扣除。

③ 个体工商户研究开户新产品、新技术、新工艺所发生的开发费用，以及研究开发而购置的单台价值在 5 万元以下的测试仪器和实验性装置的购置费，准予扣除，超出标准的按照固定资产管理。

④ 个体工商户下列支出不得扣除：个人所得税税款；税收滞纳金；罚金、罚款和被没收财产的损失；不符合扣除规定的捐赠支出；赞助支出；用于个人和家庭的支出；与取得生产经营收入无关的其他支出；国家税务总局规定不准扣除的支出。

四、经营所得应纳税额计算公式

经营所得＝每一纳税年度的收入总额－成本、费用、损失

应纳税额＝经营所得×适用税率－速算扣除数

其中，成本、费用是指纳税义务人从事生产、经营所发生的各项直接支出和分配计入成本的间接费用以及销售费用、管理费用、财务费用；允许抵扣的税金指的是个体工商户按照规定缴纳的消费税、城市维护建设税及教育费附加、资源税、环境保护税、土地使用税、土地增值税、房产税、车船税、印花税、耕地占用税；所说的损失指的是纳税义务人生产、经营过程中发生的固定资产和存货的盘亏、毁损、报废损失、转让财产损失、坏账损失、自然灾害等不可抗力因素造成的损失以及其他损失。

五、纳税义务发生的时间

纳税人取得经营所得，按年计算个人所得税，由纳税人在月度或者季度终了后 15 日内向税务机关报送纳税申报表，并预缴税款；在取得所得的次年 3 月 31 日前办理汇算清缴。

技能准备

经营所得的单位由需本单位按月度或者季度预缴税额，年终汇算清缴。现以年末清算进行讲解。

【实训任务 5-4】

案例 5-4 某个体工商户，账证齐全。2023 年全年销售收入 97.22 万元，材料成本共计 22.44 万元，员工工资 31.14 万元，销售费用 2.54 万元，管理费用 6.85 万元，其他税费 1.85 万元，业主个人费用标准 5000 元/月。请核算该个体工商户 2023 年应缴纳的所得税。

应纳税所得额=97.22-22.44-31.14-2.54-6.85-1.85-0.5×12=26.4(万元)
应纳所得税额=26.4×20%-1.05=4.23(万元)

【拓展任务 5-4】

某个人独资企业2023年全年收入总额121.1万元，产品成本费用25.56万元，员工薪酬18.95万元，销售费用2.45万元，管理费用6.51万元，财务费用1.74万元，发生税费4.23万元，发生财产损失2.13万元。1~3季度已预交个人所得税2.46万元。

要求：(1)请核算该独资企业全年应纳税所得额。

(2)请核算该独资企业全年应纳所得税额。

(3)请核算该独资企业应补缴的个人所得税额。

任务三　其余税目应纳税额的计算

知识准备

一、核算财产租赁所得应纳税额

(一)财产租赁的概念

财产租赁所得是指个人出租建筑物、土地使用权、机器设备、车船以及其他财产取得的所得。

(二)财产租赁应纳税所得额

财产租赁所得以一个月内取得的收入为一次，每次收入不超过4000元的，减除费用800元；4000元以上的，减除20%的费用，其余额为应纳税所得额。对个人出租住房取得的所得暂减按10%的税率征收个人所得税。

(三)财产租赁税前扣除标准

(1)财产租赁过程中缴纳的税费(城建税、教育费附加、房产税、印花税)；

(2)向出租方支付的租金；

(3)由纳税人负担的改出组财产实际开支的修缮费用(每次800元为限，一次扣不完的下次继续扣除，直到扣完为止)。

(四)财产租赁所得应纳税额计算公式

每次(月)收入不超过4000元的：

应纳税所得额=每次(月)收入额-准予扣除项目-修缮费用-800元

应纳税所得额=应纳税所得额×适用税率

每次(月)收入超过4000元的：

应纳税所得额=[每次(月)收入额-准予扣除项目-修缮费用]×(1-20%)

应纳税所得额=应纳税所得额×适用税率

技能准备

在实际工作中，个人通过中介、公司等进行财产租赁，由中介机构代扣代缴。自行出租，则需要在年终汇算清缴时自行申报。

【实训任务 5-5】

案例 5-5 假设，李海峰将其所拥有的一套商铺出租给一个美甲工作室，每月租金 4000 元。

每月取得租金时应纳税所得额和应纳个人所得税如下：

应纳税所得额 = 4000 − 800 = 3200（元）
应纳个人所得税 = 3200×20% = 640（元）

【拓展任务 5-5】

假设某中职学校文化艺术专业尹老师将其位于 A 市天地的一套商铺通过中介公司出租给某嘴上零食，每月租金 5600 元，8 月该房屋发生漏水，尹老师进行维修，发生维修费用 1100 元，其他月份除每月相关税费 80 元以外均无其他费用发生。

要求：(1) 核算尹老师 2023 年 8 月财产租赁应纳税所得额。

(2) 核算尹老师 2023 年 8 月财产租赁应纳个人所得税额。

(3) 核算尹老师 2023 年 9 月财产租赁应纳税所得额。

(4) 核算尹老师 2023 年 9 月财产租赁应纳个人所得税额。

二、核算财产转让所得应纳税额

知识准备

（一）财产转让所得的征税范围

财产转让所得税目的征税范围，主要包括转让“有形资产”、“土地使用权”、“股权”、“债权”等财产所取得的收入。

（二）免征情况

(1) 个人转让“境内上市公司股票”取得的所得“暂免征收”个人所得税。

(2) 自 2018 年 11 月 1 日（含）起，对个人转让新三板挂牌公司“非原始股”取得的所得，暂免征收个人所得税。

(3) 个人转让“自用达五年以上”并且是唯一的家庭生活用房取得的所得，“暂免征收”个人所得税。

(4) 通过“离婚析产”的方式“分割房屋产权”是夫妻双方对共同共有财产的处置，个人因离婚办理“房屋产权过户”手续，不征收个人所得税。

（三）财产转让所得应纳税额计算公式

应纳税所得额 = 财产转让收入总额 − 财产原值 − 合理税费

应纳所得税额 = 应纳税所得额 × 税率

注意："合理费用"，是指卖出财产时按照规定支付的"有关税费"。

技能准备

针对个人财产转让所得，个人转让给个人，直接在房管局等部门缴纳，无须通过"应交税费"科目。个人转让给法人单位，应缴纳的个人所得税，由接受转让企业所支付的款项中代扣代缴。

【实训任务 5-6】

案例 5-6 假设李海峰于 2023 年 9 月 10 日，出售一套投资住宅，售价 115 万元，购入成本 84 万元，缴纳相关税费 2.35 万元。

个人转让财产所得的应纳税所得额和应纳个人所得税额如下：

应纳税所得额 = 1150000 − 840000 − 23500 = 286500(元)
应纳个人所得税 = 286500 × 20% = 57300(元)

【拓展任务 5-6】

假设某中职学校文化艺术专业尹老师将其家庭中闲置的一台车载式挖掘机进行出售，该挖掘机购入成本为 235000 元，出售价格为 89000 元，支付中介费用 1200 元。

要求：(1) 核算尹老师转让该财产的应纳税所得额。

(2) 核算尹老师转让该财产的应纳个人所得税额。

三、核算利息、股息、红利所得应纳税额

知识准备

(一) 利息、股息、红利所得的概念

利息、股息、红利所得：是指个人拥有债权、股权而取得的利息、股息、红利所得。利息是指个人的存款利息、货款利息和购买各种债券的利息。股息，也称股利，是指股票持有人根据股份制公司章程规定，凭股票定期从股份公司取得的投资利益。红利，也称公司(企业)分红，是指股份公司或企业根据应分配的利润按股份分配超过股息部分的利润。股份制企业以股票形式向股东个人支付股息、红利即派发红股，应以派发的股票面额为收入额计税。

利息、股息、红利所得以每次收入额为应纳税所得额。

(二) 相关优惠政策

(1) 根据《中华人民共和国个人所得税法》(中华人民共和国主席令第九号)规定，国债和国家发行的金融债券利息，免征个人所得税。

(2) 自 2008 年 10 月 9 日起针对储蓄存款利息免征个人所得税。

(3) 个人从公开发行和转让市场取得的上市公司股票，持股期限超过 1 年的，股息红利所得暂免征收个人所得税。个人从公开发行和转让市场取得的上市公司股票，持股期限在 1 个月以内(含 1 个月)的，其股息红利所得全额计入应纳税所得额；持股期限在 1 个月

以上至1年(含1年)的，暂减按50%计入应纳税所得额；上述所得统一适用20%的税率计征个人所得税。

(三) 利息、股息、红利应纳税额计算公式

应纳税所得额=每次收入

应纳所得税额=每次收入×税率

技能准备

个人出售股票、基金等，均由证券公司代扣代缴个人所得税。

【实训任务5-7】

案例5-7 假设导航中李海峰于2023年11月29日，将本月17日所购的×××科技股进行出售，赚取股利2400元为例。

转让股息、红利应纳税所得额和应纳个人所得税额如下：

应纳税所得额=2400(元) 应纳所得税额=2400×20%=480(元)

【拓展任务5-7】

某中职学校文化艺术专业尹老师因子女准备出国需要用钱，将自己持有的宁德时代股票出售。该股票已持有半个月，取得购入成本为102万元，现将其出售，市场价116万元，印花税税率0.1%。

要求：(1)核算尹老师转让该股票的应纳税所得额。

(2) 核算尹老师转让该股票的应纳所得税额。

四、核算偶然所得应纳税额

知识准备

(一) 偶然所得概念

偶然所得是指个人得奖、中奖、中彩以及其他偶然性质的所得。偶然所得和其他所得以每次的收入为应纳税所得额，不扣除任何费用。

(二) 相关规定

(1) 个人为单位或他人提供担保获得收入，按照“偶然所得”项目计算缴纳个人所得税。

(2) 房屋产权所有人将房屋产权无偿赠与他人的，受赠人因无偿受赠房屋取得的受赠收入，按照“偶然所得”项目计算缴纳个人所得税。

(3) 企业在业务宣传、广告等活动中，随机向本单位以外的个人赠送礼品(包括网络红包，下同)，以及企业在年会、座谈会、庆典以及其他活动中向本单位以外的个人赠送礼品，个人取得的礼品收入，按照“偶然所得”项目计算缴纳个人所得税，但企业赠送的具有价格折扣或折让性质的消费券、代金券、抵用券、优惠券等礼品除外。

（4）个人所得税是偶然所得没有起征点的规定。但对于购买福利彩票、福利奖券和体育彩票的中奖所得每次在 1 万元以下的，国家税务总局规定暂免征收个人所得税。超过 1 万元的，应按税法规定全额征收个人所得税。

（三）偶然所得应纳税额计算公式

应纳税所得额 = 每次收入

应纳所得税额 = 每次收入 × 税率

技能准备

偶然所得由发放单位扣除个人所得税后进行发放。

【实训任务 5-8】

案例 5-8 假设李海峰和家人逛街时随意购买刮刮乐一张，当场刮出 5 万元大奖。

偶然所得的应纳税所得额和应纳个人所得税额如下：

应纳税所得额 = 50000（元）

应纳个人所得税额 = 50000×20% = 10000（元）

【拓展任务 5-8】

假设某中职学校文化艺术专业尹老师在商场抽奖活动中抽中特等奖 10000 元，他当场表示向某希望小学捐款 3000 元。按规定，由商场代扣代缴个人所得税后，尹老师即可领取奖金。

要求：（1）核算尹老师应纳税所得额。

（2）核算商场代扣代缴的个人所得税。

模块三　个人所得税纳税申报表的填制——技能填制

知识目标	技能目标	素质目标
1. 知道个人所得税需要填列几张附表和主表。 2. 知道个人所得税专项附加扣除信息表需要填制的内容，以及填制的方法。 3. 了解个人所得税经营所得纳税申报表。	1. 会填制个人所得税专项附加扣除信息表。 2. 会填制个人所得税扣缴申报表。 3. 会根据附表数据填制主表。	1. 理解各数据之间的勾稽关系，养成会计人员严谨的工作态度。 2. 在纳税申报的过程中保持会计人谨慎的工作作风。

知识准备

一、个人所得税纳税申报的概述

个人所得税申报是指个人年度收入达到国家规定的交税起征点的，要在规定的时间内申报个税并进行缴纳；按年计算个人所得税，在月度或者季度终了后15日内向税务机关报送纳税申报表，并预缴税款。单位只需要新增员工相关信息并进行工资、薪金的申报。

二、个人所得税纳税不同类型申报表及其附列资料

（一）个人所得税专项附加扣除信息表

本表根据《中华人民共和国个人所得税法》及其实施条例、《个人所得税专项附加扣除暂行办法》《个人所得税专项附加扣除操作办法（试行）》等法律法规有关规定制定。纳税人按享受的专项附加扣除情况填报对应栏次；纳税人不享受的项目，无须填报。纳税人未填报的项目，默认为不享受。

本表适用于享受子女教育、继续教育、大病医疗、住房贷款利息或住房租金、赡养老人、3岁以下婴幼儿照护七项专项附加扣除的自然人纳税人填写。选择在工资、薪金所得预扣预缴个人所得税时享受的，纳税人填写后报送至扣缴义务人；选择在年度汇算清缴申报时享受专项附加扣除的，纳税人填写后报送至税务机关。

本表主要填写信息为纳税人本人及各项附加扣除事项的具体信息。

（二）个人所得税扣缴申报表

本表主要由纳税人所在的单位填制，适用于扣缴义务人向居民个人支付工资、薪金所得，劳务报酬所得，稿酬所得和特许权使用费所得的个人所得税全员全额预扣预缴申报；向非居民个人支付工资、薪金所得，劳务报酬所得，稿酬所得和特许权使用费所得的个人所得税全员全额扣缴申报；以及向纳税人（居民个人和非居民个人）支付利息、股息、红利所得，财产租赁所得，财产转让所得和偶然所得的个人所得税全员全额扣缴申报。

需要填列的内容为表头和表内各栏次，1~6列为纳税人的基本信息，7~21列为本月具体情况。

任务一　个人所得税专项附加扣除信息表的填制

【实训任务5-9】

案例5-9　根据导航得知员工詹海波，身份证号码：500106197912026452，家庭住址：A市沙坪坝区沙中路22号附1号12-4，联系电话：15022134512，邮编：400000。儿子身份证号码：50010620021002344X，女儿身份证号码：500106200502226331，年满60岁老人身份证号码：500106195603261489。经夫妻协定，各自全额抵扣一个子女的教育经费，家中老人由詹海波和其兄弟双方各自抵扣50%，房贷由詹海波扣除。需填列个人所得税专项附加扣除信息表下列内容，具体见表5-6。

表 5-6　个人所得税专项附加扣除信息表

填报日期：2023 年 12 月 31 日

扣除年度：2023 年

纳税人姓名：詹海波

纳税人识别号：5X0106197912026452

纳税人信息	手机号码	15022134512			电子邮箱	×××
	联系地址	A 市沙坪坝区沙中路 22 号附 1 号 12-4			配偶情况	☑有配偶　□无配偶
纳税人配偶信息	姓名：×××	身份证件类型		身份证	身份证件号码	000000000000000000
一、子女教育						
较上次报送信息是否发生变化。☑首次报送(请填写全部信息)　□无变化(不需重新填写)　□有变化(请填写发生变化项目的信息)						
子女一	姓名	詹 1	身份证件类型		身份证件号码 5X010620021002344X	
	出生日期		当前受教育阶段		□季前教育阶段　□义务教育　□高中阶段教育　☑高等教育	
	当前受教育阶段起始时间	年　月	当前受教育阶段结束时间	年　月	子女教育终止时间 * 不再受教育时填	年　月
	就读国家(或地区)		就读学校		本人扣除比例	☑100%(全额扣除) □50%(平均扣除)
子女二	姓名	詹 2	身份证件类型		身份证件号码	500106200502263312
	出生日期		当前受教育阶段		□季前教育阶段　□义务教育　☑高中阶段教育　□高等教育	
	当前受教育阶段起始时间	年　月	当前受教育阶段结束时间	年　月	子女教育终止时间 * 不再受教育时填写	年　月
	就读国家(或地区)		就读学校		本人扣除比例	□100%(全额扣除) □50%(平均扣除)
子女三	姓名		身份证件类型		身份证件号码	000000000000000000
	出生日期		当前受教育阶段		□季前教育阶段　□义务教育　□高中阶段教育　□高等教育	

续表

<table>
<tr><td rowspan="2">子女三</td><td>当前受教育阶段起始时间</td><td>年　月</td><td>当前受教育阶段结束时间</td><td>年　月</td><td>子女教育终止时间＊不再受教育时填3</td><td>年月</td></tr>
<tr><td>就读国家(或地区)</td><td></td><td>就读学校</td><td></td><td>本人扣除比例</td><td>□100%(全额扣除)
□50%(平均扣除)</td></tr>
<tr><td colspan="7">二、继续教育</td></tr>
<tr><td colspan="7">较上次报送信息是否发生变化：□首次报送(请填写全部信息)　□无变化(不需重新填写)　□有变化(请填写发生变化项目的信息)</td></tr>
<tr><td>学历(学位)继续教育</td><td>当前继续教育起始时间</td><td>年　月</td><td>当前继续教育结束时间</td><td>年　月</td><td>学历(学位)继续教育阶段</td><td>□专科　□本科　□硕士研究生
□博士研先生　□其他</td></tr>
<tr><td rowspan="2">职业资格继续教育</td><td>职业资格继续教育类型</td><td colspan="3">□技能人员　□专业技术人员</td><td>证书名称</td><td></td></tr>
<tr><td>证书编号</td><td></td><td>发证机关</td><td></td><td>发证(批准)日期</td><td></td></tr>
<tr><td colspan="7">三、住房贷款利息</td></tr>
<tr><td colspan="7">较上次报送信息是否发生变化：□首次报送(请填写全部信息)　□无变化(不需重新填写)　□有变化(请填写发生变化项目的信息)</td></tr>
<tr><td rowspan="2">房屋信息</td><td>住房坐落地址</td><td colspan="5">A市省(区、市)A市沙坪坝县(区)沙坪坝街道(乡、镇)沙中路22号附1号12-4</td></tr>
<tr><td colspan="4">产权证号/不动产登记号/商品房买卖合同号/预售合同号</td><td colspan="2">×××</td></tr>
<tr><td rowspan="5">房贷信息</td><td colspan="2">本人是否借款人</td><td colspan="2">☑是　□否</td><td>是否婚前各自首套贷款，且婚后分别扣除50%</td><td>□是　☑否</td></tr>
<tr><td colspan="2">公积金贷款1贷款合同编号</td><td colspan="4"></td></tr>
<tr><td colspan="2">贷款期限(月)</td><td colspan="2"></td><td>首次还款日期</td><td></td></tr>
<tr><td colspan="2">商业贷款1贷款合同编号</td><td colspan="2"></td><td>贷款银行</td><td></td></tr>
<tr><td colspan="2">贷款期限(月)</td><td colspan="2"></td><td>首次还款日期</td><td></td></tr>
<tr><td colspan="7">四、住房租金</td></tr>
<tr><td colspan="7">较上次报送信息是否发生变化：□首次报送(请填写全部信息)　□无变化(不需重新填写)　□有变化(请填写发生变化项目的信息)</td></tr>
<tr><td>房屋信息</td><td>住房坐落地址</td><td colspan="5">省(区、市)市县(区)街道(乡、镇)</td></tr>
</table>

续表

租赁情况	出租方(个人)姓名		身份证件类型		身份证件号码	□00000000000000000
	出租方(单位)名称				纳税人识别号(统一社会信用代码)	
	主要工作城市(＊填写市一级)				住房租赁合同编号(非必填)	
	租赁期起		租赁期止			
五、赡养老人						
较上次报送信息是否发生变化：□首次报送(请填写全部信息)　□无变化(不需重新填写)　□有变化(请填写发生变化项目的信息)						
纳税人身份		□独生子女　☑非独生子女				
被赡养人一	姓名	詹××	身份证件类型	身份证件号码 5×0106195603261489		
	出生日期		与纳税人关系	☑父亲□母亲□其他		
被赡养人二	姓名		身份证件类型		身份证件号码 000000000000000000	
	出生日期		与纳税人关系	□父亲　□母亲　□其他		
共同赡养人信息	姓名		身份证件类型		身份证件号码	□00000000000000000
	姓名		身份证件类型		身份证件号码	000000000000000000
	姓名		身份证件类型		身份证件号码	000000000000000000
	姓名		身份证件类型		身份证件号码	000000000000000000
分摊方式＊独生子女不需填写☑平均分摊　□赡养人约定分摊　□被赡养人指定分摊					本年度月扣除金额	1000
六、大病医疗(仅限综合所得年度汇算清缴申报时填写)						
较上次报送信息是否发生变化：□首次报送(请填写全部信息)□无变化(不需重新填写)□有变化(请填写发生变化项目的信息)						
患者一	姓名		身份证件类型		身份证件号码	000000000000000000
	医药费用总金额		个人负担金额		与纳税人关系	□本人　□配偶　□未成年子女
患者二	姓名		身份证件类型		身份证件号码	000000000000000000
	医药费用总金额		个人负担金额		与纳税人关系	□本人　□配偶　□未成年子女

患者三	姓名		身份证件类型		身份证件号码	000000000000000000
	医药费用总金额		个人负担金额		与纳税人关系	□本人 □配偶 □未成年子女
七、3岁以下婴幼儿照护						
较上次报送信息是否发生变化：□首次报送(请填写全部信息) □无变化(不需重新填写) □有变化(请填写发生变化项目的信息)						
了女一	姓名	身份证件类型			身份证件号码	□00000000000000000
	出生日期				本人扣除比例	□100%(全额扣除) □50%(平均扣除)
子女二	姓名		身份证件类型		身份证件号码	000000000000000000
	出生日期				本人扣除比例	□100%(全额扣除) □50%(平均扣除)
需要在任职受雇单位预扣预缴工资、薪金所得个人所得税时享受专项附加扣除的，填写本栏						
重要提示：当您填写本栏，表示您已同意该任职受雇单位使用本表信息为您办理专项附加扣除						
扣缴义务人名称					扣缴义务人纳税人识别号 (统一社会信用代码)	000000000000000000

本人承诺：我已仔细阅读填表说明，并根据《中华人民共和国个人所得税法》及其实施条例、《个人所得税专项附加扣除暂行办法》、《个人所得税专项附加扣除操作办法(试行)》等相关法律法规规定填写本表。本人已就所填扣除信息进行了核对，并对所填内容的真实性、准确性、完整性负责。

纳税人签字：詹海波　　年12月31日

扣缴义务人签章： 经办人签字： 接收日期：年月日	代理机构签章： 代理机构统一社会信用代码： 经办人签字： 经办人身份证件号码：	受理人： 受理税务机关(章)： 受理日期：　年　月　日

国家税务总局监制

（一）表头项目

填报日期；扣除年度；纳税人姓名；纳税人识别号。

（二）表内基础信息栏

纳税人信息；纳税人配偶信息。

（三）表内各栏

子女教育；继续教育；住房贷款利息；住房租金；赡养老人；大病医疗；3 岁以下婴幼儿照护；扣缴义务人信息。

（四）签字（章）栏次

“声明”栏；“扣缴义务人签章”栏；“代理机构签章”栏。

上述情况均按照实际情况进行填报，见表 5-6。

【拓展任务 5-9】

根据尹老师的基本状况，尝试填制尹老师的个人所得税专项附加扣除信息表。

任务二　个人所得税扣缴申报表的填制

【实训任务 5-10】

案例 5-10　分析实训任务 5-1，本表由单位在每月或者每次预扣、代扣税款时登录自然人电子税务局扣缴端填列。本表讲解年终时扣缴申报的填制。

（一）表头项目

需要填制税款所属期；扣缴义务人名称；扣缴义务人纳税人识别号（统一社会信用代码）。

（二）表内各栏

需要填制第 2 列“姓名”；第 3 列“身份证件类型”；第 4 列“身份证件号码”；第 5 列“纳税人识别号”；第 6 列“是否为非居民个人”；第 7 列“所得项目”；第 8～21 列“本月（次）情况”和 34～40 列“税款计算”。

以上内容均据实填写，见表 5-7。

关于詹海波 2023 年度个人所得税扣缴申报表填报内容，根据实训任务 5-3，单位具体需要填列 1、2、3、4、6、7、8、22、23、24、25、27、28、34、35、36、37、39、40 列。

【拓展任务 5-10】

可根据尹老师的收入，尝试填制尹老师 5 月个人所得税扣缴申报表。

表 5-7　个人所得税扣缴申报表

税款所属期：2023 年 12 月 01 日至 2023 年 12 月 31 日

扣缴义务人名称：沙坪坝农业科学研究所

扣缴义务人纳税人识别号(统一社会信用代码)：234523217789542116Q

金额单位：人民币元(列至角分)

序号	姓名	身份证件类型	身份证件号码	纳税人识别号	是否为非居民个人	所得项目	本月(次)情况														累计情况										减按计税比例	准予扣除的捐赠额	税款计算							备注
							收入额计算			减除费用	专项扣除				其他扣除						累计收入额	累计减除费用	累计专项扣除	累计专项附加扣除						累计其他扣除			应纳税所得额	税率/预扣率	速算扣除数	应纳税额	减免税额	已缴税额	应补/退税额	
							收入	费用	免税收入		基本养老保险费	基本医疗保险费	失业保险费	住房公积金	年金	商业健康保险	税延养老保险	财产原值	允许扣除的税费	其他				子女教育	继续教育	住房贷款利息	住房租金	赡养老人	3岁以下婴幼儿照护											
1	2	3	4	5	6	7	8	9	10	11	12	13	14	15	16	17	18	19	20	21	22	23	24	25	26	27	28	29	30	31	32	33	34	35	36	37	38	39	40	41
1	詹海波	身份证	5X0106197912026452		否	工资薪金	12500.00			5000.00	100.00	255.00	62.50	1500.00							157710.00	60000.00	36000.00	12000.00		12000.00		12000.00					28110.00	3%	0	843.30		600.00	243.30	
合计																																								

谨声明：本表是根据国家税收法律法规及相关规定填报的，是真实的、可靠的、完整的。

扣缴义务人(签章)：沙坪坝农业科学研究所 2023 年 12 月 31 日

经办人签字： 经办人身份证件号码：代理机构签章： 代理机构统一社会信用代码：	受理人： 受理税务机关(章)： 受理日期：年月日

国家税务总局监制

模块四 个人所得税纳税智能申报——一键申报

知识目标	技能目标	素质目标
1. 了解自然人电子税务局的进入步骤。 2. 知道个人所得税需要填报的具体内容。	1. 会进行人员信息采集、专项附加扣除信息采集等。 2. 会进行个人所得税综合所得申报。	1. 会计专业的学生要养成适应社会发展税制改革的意识，及时学会新的税务制度并进行填报。 2. 要养成谨慎、仔细核对的会计素养。

【实训任务 5-11】

案例 5-11 以情境导航中沙坪坝农业科学研究所员工詹海波为例，根据他本人的相关信息和个人所得税的计算结果，以任务导航 5-3 计算结果为例，讲解申报流程。

操作步骤：第一步，登录自然人电子税务局(扣缴端)，进入税款所属月份，点击“人员信息采集”，录入人员信息，保存并报送成功，通过验证，具体见图 5-1。

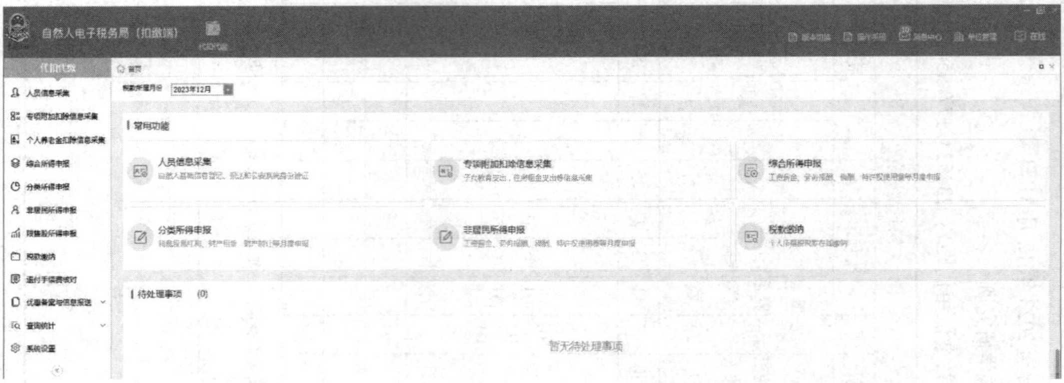

图 5-1

第二步，点击“专项附加扣除信息采集”，录入人员信息，保存并报送成功，通过验证。

第三步，点击“综合所得申报”，点击“收入及减除填写”，录入人员收入明细，填写并保存，具体见图 5-2。

第四步，点击“税款计算”，系统自动计算税款，核对无误。

第五步，点击“附表填写”，如有信息填写并保存。

第六步，点击“申报表报送”，点击“发送申报”，申报成功后，缴纳税款。

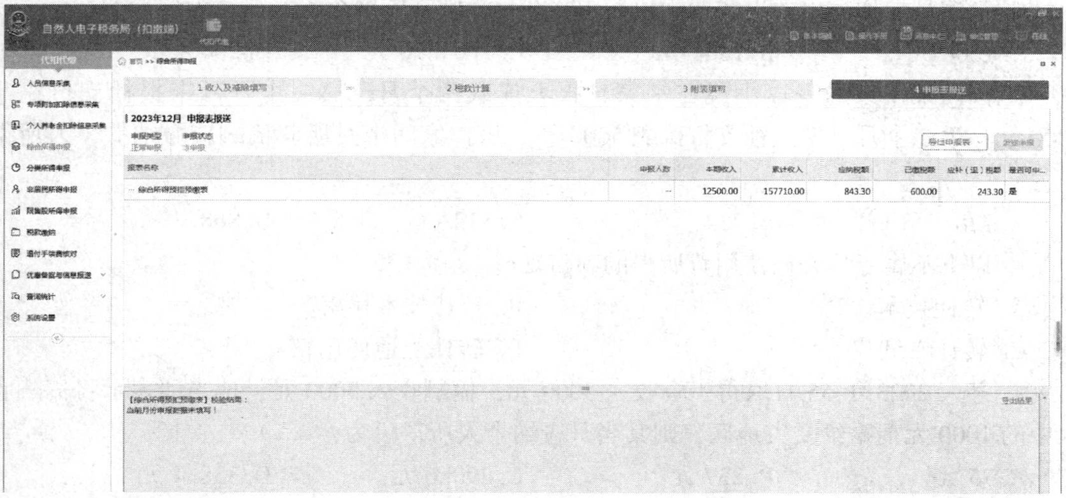

图 5-2

模块五　综合实训——实践运用

一、单项选择练习

1. 以下属于工资薪金所得的项目有(　　)。

A. 托儿补助费　　B. 劳动分红

C. 投资分红　　D. 独生子女补贴

2. 下列个人所得在计算应纳税所得额时，采用定额与定率相结合扣除费用的是(　　)。

A. 个体工商户的生产、经营所得　　B. 工资薪金所得

C. 劳务报酬所得　　D. 偶然所得

3. 合伙企业的投资者李某以企业资金为其本人购买汽车和住房，该财产购置支出应按(　　)计征个人所得税。

A. 工资薪金所得　　B. 承包转包所得

C. 个体工商户的生产经营所得　　D. 利息股息红利所得

4. 下列所得中，免缴个人所得税的是(　　)。

A. 年终加薪　　B. 拍卖本人文字作品原稿的收入

C. 个人保险所获赔款　　D. 从投资管理公司取得的派息分红

5. 对于县级政府颁发的科学、教育、技术、文化、卫生、体育、环境保护等方面的奖金，应当(　　)。

A. 征收个人所得税　　B. 免征个人所得税

C. 减半征收个人所得税　　D. 适当减征个人所得税

6. 某演员参加演出的出场费为税后 10000 元，则其应纳个人所得税为(　　)。

A. 1600 元　　B. 1800 元　　C. 1904. 76 元　　D. 2000 元

7. 国内某作家的一篇小说在一家日报上连载两个月，第一个月月末报社支付稿酬 2000 元；第二个月月末报社支付稿酬 5000 元。该作家两个月所获稿酬应缴纳的个人所得税为(　　)元。

A. 728　　B. 784　　C. 812　　D. 868

8. 以下不属于特许权使用费所得的项目是(　　)。

A. 转让技术诀窍　　B. 转让技术秘密

C. 转让专利权　　D. 转让土地使用权

9. 某人 2023 年 55 日取得工资收入 3000 元，稿酬收入 3000 元，他当即表示将稿酬收入中的 1000 元捐赠给受灾地区，则其当月应纳个人所得税为(　　)。

A. 75 元　　B. 257 元　　C. 290. 6 元　　D. 338. 4 元

10. 下列应税项目中，以一个月为一次确定应纳税所得额的有(　　)。

A. 劳务报酬所得　　B. 特许权使用费所得

C. 财产租赁所得　　D. 财产转让所得

11. 某演员一次获得表演收入 8000 元，其应纳个人所得税额为(　　)。

A. 1600 元　　B. 1920 元　　C. 1280 元　　D. 1860 元

12. 下列各项中不应按特许权使用费所得，征收个人所得税的是(　　)。

A. 专利权　　B. 著作权　　C. 稿酬　　D. 非专利技术

13. 李某 2023 年 12 月取得的下列收入中，不需要缴纳个人所得税的是(　　)。

A. 国债利息收入 5000 元　　B. 商场购物中奖所得 1000 元

C. 稿酬所得 3000 元　　D. 房屋租赁所得 2500 元

14. 下列各项中，属于个人所得税居民纳税人的是(　　)。

A. 在中国境内无住所，居住也不满 183 日的个人

B. 在中国境内无住所且不居住的个人

C. 在中国境内无住所，而在境内居住超过 183 日不满 1 年的个人

D. 在中国境内有住所的个人

二、多项选择练习

1. 下列关于个人所得税的说法中，正确的有(　　)。

A. 年所得 12 万元以上的纳税义务人，在年度终了后 3 个月内到主管税务机关办理纳税申报

B. 自行申报纳税义务人，应该在取得所得的所在地税务机关申报纳税

C. 纳税义务人从中国境外取得所得的，应该在户籍所在地税务机关或指定税务机关申报纳税

D. 个人所得税的征收，基本上采用代扣代缴的源泉控制办法

2. 下列属于劳务报酬所得的有(　　)。

A. 笔译翻译收入　　B. 审稿收入

C. 现场书画收入　　D. 雕刻收入

3. 下列免征个人所得税的项目有(　　)。

A. 职工春节加班补贴　　B. 军人的转业安家费

C. 参加有奖销售活动得到的赠品　　D. 外籍个人语言训练费

4. 劳务报酬所得应纳税额的计算公式为(　　)。

A. 每次收入不足 4000 元，应纳税额=(每次收入-800)×20%

B. 每次收入超过 4000 元，应纳税额=每次收入额×(1-20%)×20%

C. 每次应纳税所得额超过 2 万元，应纳税额=每次收入额×(1-20%)×30%-速算扣除数

D. 每次应纳税所得额超过 5 万元，应纳税额=每次收入额×(1-20%)×40%-速算扣除数

5. 下列关于个人所得税应纳税所得额的说法中，正确的有(　　)。

A. 工资、薪金所得，以每月收入额减除费用 5000 元后的余额，为应纳税所得额

B. 个体工商户的生产、经营所得，以每一纳税年度的收入总额，减除成本、费用以及损失后的余额，为应纳税所得额

C. 劳务报酬所得每次收入不超过 4000 元的，减除费用 800 元后的余额为应纳税所得额

D. 利息、股息、红利所得，偶然所得和其他所得，以每次收入额为应纳税所得额

6. 根据个人所得税法律制度的规定，可以将个人所得税的纳税义务人区分为居民纳税义务人和非居民纳税义务人，依据的标准有(　　)。

A. 境内有无住所　　B. 境内工作时间

C. 取得收入的工作地　　D. 境内居住时间

7. 下列关于居民企业缴纳企业所得税纳税地点的表述中，说法正确的有(　　)。

A. 企业一般在实际经营管理地纳税

B. 企业一般在登记注册地纳税

C. 登记注册地在境外的，以登记注册地纳税

D. 登记注册地在境外的，以实际管理机构所为纳税地点

8. 个人所得税自行申报的纳税人有(　　)。

A. 从两处或两处以上取得工资、薪金的

B. 取得应纳税所得，没有扣缴义务人的

C. 多笔取得属于一次性劳务报酬的

D. 取得应纳税所得，扣缴义务人未按规定扣缴税款的

9. 下列不属于稿酬所得的项目有(　　)。

A. 摄影作品发表取得的所得　　B. 拍卖文学手稿取得的所得

C. 帮企业写发展史取得的所得　　D. 帮出版社审稿取得的所得

10. 下列所得可以采用五级超额累进税率计缴个人所得税的有(　　)。

A. 个体工商户的生产经营所得　　B. 个人独资企业和合伙企业

C. 承包经营者取得的承租承包所得　　D. 财产租赁所得

三、判断题

1. 在我国境内无住所的个人，只就其在我国境内取得的所得缴纳个人所得税。（　）

2. 个人领取的原提存的住房公积金、医院保险金、基本养老保险金，免征个人所得税。（　）

3. 张某 2023 年 5 月取得稿费收入 10 万元，应缴纳的个人所得税为 1.12 万元。（　）

4. 我国个人所得税的征收方式是代扣代缴和个人自行申报两种。（　）

5. 根据我国最新个人所得税法的规定，工资、薪金所得适用 9 级全额累进税率。（　）

四、个人所得税计算

中国公民张海生在国内四川航信有限责任公司任职，公司纳税识别号为523554221656334897。张海生本人身份信息如下：身份证号码为512231198405051265，电话号码为18623114564，邮箱为452211165@qq.com，家庭住址为四川省成都市青羊区武侯路134号清水嘉苑附2号13-2。其父亲张国名已年满60周岁，身份证号码为512231196301112145。张某为独生子女。在2021年张某取得了中级会计师的职业资格，今年进行了职业格继续教育，除此之外尚无其他可扣除事项。全年收入如下：

（1）2023 年每月工资 8800 元，6 月份发放半年度奖金 26000 元，年末取得年终一次性奖金 50000 元。该张某每月个人承担的三险一金 1982 元/月。

（2）3 月为某代理公司提供税务咨询，获得税前劳务报酬 6000 元。

（3）7 月在某杂志出版论文一篇，获得税前稿酬 1000 元。

（4）8 月将自己的一项专利技术以税前 86000 元出售给 A 公司。

（5）9 月将一套限制的小公寓通过中介公司出租，每月租金 2000 元。

（6）10 月中一张福利彩票，税前 50000 元。

要求：

（1）核算该公司在 2023 年应为张海生的工资、薪金部分上报的个人所得税。

（2）核算某税务公司应代扣代缴的个人所得税。

（3）核算 A 公司在支付专利技术购买费用时应代扣代缴的个人所得税。

（4）核算每月房租应缴纳的个人所得税。

（5）核算福彩中心应代扣代缴的个人所得税。

五、实训题

根据公民张海生的相关资料填制个人所得税专项附加扣除信息表和 12 月工资、薪金部分个人所得税扣缴申报表。

项目六

其他税种的计算与智能申报

学习目标

1. 掌握印花税、城市维护建设税、教育费附加和关税的概念。

2. 会计算印花税、城市维护建设税、教育费附加和关税。

3. 会填制印花税、城市维护建设税及教育费附加纳税申报表。

4. 能熟练进行印花税、城市维护建设税和教育费附加纳税申报。

5. 增强维护国家主权和经济利益的意识，熏陶与时俱进的开拓精神，提升严谨细致的职业作风。

情境导航

A市永春恒食品有限公司主要经营业务包括罐头生产、销售以及各类啤酒、白酒、葡萄酒的生产、销售。公司位于A市西部科学城，公司纳税识别号为500100600034523。2023年10月发生如下业务。

（1）A市永春恒食品有限公司7—9月因采购草莓、黄桃等签订采购合同12份，合同共计金额149000元；销售罐头签订合同21份，合同合计金额521000元。另购买财产保险1份，保费24000元。计算A市永春恒食品有限公司第三季度应申报的印花税税额。

（2）A市永春恒食品有限公司10月实际缴纳增值税18771.58元，消费税65643.36元，计算A市永春恒食品有限公司10月应缴城市维护建设税、教育费附加和地方教育费附加。

（3）2023年10月9日，A市永春恒食品有限公司从新西兰进口的一批草莓到达A市空港进境水果指定口岸，该批草莓的成交价格为20000元，发生运输费4500元，保险费2000元，关税税率为14%，计算该批草莓应缴关税税额。

请核算A市永春恒食品有限公司本月应缴纳的印花税、城市维护建设税、教育费附加和关税，填制相关纳税申报表，完成纳税申报。

模块一　印花税的计算与智能申报

任务一　认知印花税的概念

知识目标	技能目标	素质目标
1. 理解印花税的概念，明确印花税的纳税人； 2. 了解印花税的纳税方法和纳税期限。	1. 能根据印花税的征税范围正确判断应税行为的税率； 2. 能根据企业情况选择正确的纳税方法。	熏陶不断学习的进取意识和与时俱进的开拓精神。

一、印花税的概念及纳税人

印花税是对经济活动和经济交往中书立、领受具有法律效力的凭证的行为所征收的一种税。在我国境内书立应税凭证、进行证券交易的单位和个人，为印花税的纳税人，应当依照《中华人民共和国印花税法》规定缴纳印花税。在我国境外书立在境内使用的应税凭证的单位和个人，应当依照规定缴纳印花税。

二、印花税的征税范围及税率

印花税的税目、税率，如《印花税税目税率表》所示。

印花税税目税率表

税目		税率	备注
合同(指书面合同)	借款合同	借款金额的万分之零点五	指银行业金融机构、经国务院银行业监督管理机构批准设立的其他金融机构与借款人(不包括同业拆借)的借款合同
	融资租赁合同	租金的万分之零点五	
	买卖合同	价款的万分之三	指动产买卖合同(不包括个人书立的动产买卖合同)
	承揽合同	报酬的万分之三	
	建设工程合同	价款的万分之三	

续表

<table>
<tr><th colspan="2">税目</th><th>税率</th><th>备注</th></tr>
<tr><td rowspan="6">合同(指书面合同)</td><td>运输合同</td><td>运输费用的万分之三</td><td>指货运合同和多式联运合同(不包括管道运输合同)</td></tr>
<tr><td>技术合同</td><td>价款、报酬或者使用费的万分之三</td><td>不包括专利权、专有技术使用权转让书据</td></tr>
<tr><td>租赁合同</td><td>租金的千分之一</td><td></td></tr>
<tr><td>保管合同</td><td>保管费的千分之一</td><td></td></tr>
<tr><td>仓储合同</td><td>仓储费的千分之一</td><td></td></tr>
<tr><td>财产保险合同</td><td>保险费的千分之一</td><td>不包括再保险合同</td></tr>
<tr><td rowspan="4">产权转移书据</td><td>土地使用权出让书据</td><td>价款的万分之五</td><td rowspan="4">转让包括买卖(出售)、继承、赠与、互换、分割</td></tr>
<tr><td>土地使用权、房屋等建筑物和构筑物所有权转让书据(不包括土地承包经营权和土地经营权转移)</td><td>价款的万分之五</td></tr>
<tr><td>股权转让书据(不包括应缴纳证券交易印花税的)</td><td>价款的万分之五</td></tr>
<tr><td>商标专用权、著作权、专利权、专有技术使用权转让书据</td><td>价款的万分之三</td></tr>
<tr><td colspan="2">营业账簿</td><td>实收资本(股本)、资本公积合计金额的万分之二点五</td><td></td></tr>
<tr><td colspan="2">证券交易</td><td>成交金额的千分之一</td><td></td></tr>
</table>

三、印花税的缴纳方法及缴纳期限

印花税可以采用粘贴印花税票或者由税务机关依法开具其他完税凭证的方式缴纳。印花税票粘贴在应税凭证上的，由纳税人在每枚税票的骑缝处盖戳注销或者画销。

目前，实务操作过程中印花税一般以在电子税务局申报后缴款的形式缴纳，企业已经通过网银缴纳印花税的，可以不再贴花，打印印花税完税凭证作为原始单据。但已认定的印花税税目的企业，即使当期未发生应税行为，也需要按期进行印花税零申报。

印花税按季、按年或者按次计征。应税合同、产权转移书据印花税可以按季或者按次申报缴纳，应税营业账簿印花税可以按年或者按次申报缴纳。

实行按季、按年计征的，纳税人应当自季度、年度终了之日起十五日内申报缴纳税款；实行按次计征的，纳税人应当自纳税义务发生之日起十五日内申报缴纳税款。证券交易印花税按周解缴。证券交易印花税扣缴义务人应当自每周终了之日起五日内申报解缴税款以及银行结算的利息。

任务二 印花税的计算——税费实训

知识目标	技能目标	素质目标
1. 掌握印花税的计税依据相关规定； 2. 掌握印花税应纳税额的计算公式。	能正确区分、辨析不同应税行为下的印花税计税依据，并正确计算印花税应纳税额。	巩固严谨细致的职业作风。

知识准备

一、印花税的计税依据

印花税的计税依据如下：

应税合同的计税依据，为合同所列的金额，不包括列明的增值税税款；

应税产权转移书据的计税依据，为产权转移书据所列的金额，不包括列明的增值税税款；

应税营业账簿的计税依据，为账簿记载的实收资本(股本)、资本公积合计金额；

证券交易的计税依据，为成交金额。

二、印花税应纳税额的计算

印花税的应纳税额按照计税依据乘以适用税率计算。

实行比例税率的凭证，印花税应纳税额的计算公式为：

$$应纳税额=应税凭证计税金额\times比例税率$$

实行定额税率的凭证，印花税应纳税额的计算公式为：

$$应纳税额=应税凭证件数\times定额税率$$

【实训任务 6-1】

案例 6-1 以情景导航中 A 市永春恒食品有限公司业务为例，7~9 月公司因采购草莓、黄桃等签订采购合同 12 份，合同共计金额 149000 元；销售罐头签订合同 21 份，合同合计金额 521000 元。另购买财产保险 1 份，保费 24000 元。海星食品有限公司已经在 A 市电子税务局办理了印花税税种认证。请计算确认 A 市永春恒食品有限公司第三季度应申报的印花税额。

1. 计算过程

买卖合同应纳印花税额=(149000+521000)×0.03%=210(元)
财产保险合同应纳印花税额=24000×0.1%=24(元)
第三季度应申报的印花税额=210+24=234(元)

2. 会计处理

借：税金及附加　　234

　　贷：应交税费-应交印花税　　234

【拓展实训 6-1】

A 市万家安家居有限责任公司 2023 年第四季签订采购合同 21 份，合同金额合计 19384547 元；签订租赁合同 2 份，合同金额合计 459000 元；签订技术服务合同 1 份，合同金额合计 30000 元，签订运输合同 12 份，合同金额合计 234000 元。计算 A 市万家安家居有限责任公司 2023 年第四季度应申报的印花税额。

任务三　印花税税源信息采集表的填制——技能填制

知识目标	技能目标	素质目标
1. 掌握印花税的申报流程； 2. 明确印花税税源信息采集表各项数据的填报要求。	能根据填制要求正确填制印花税税源信息采集表各项目。	了解印花税的发展历史，坚定文化自信和制度自信，熏陶与丰俱进的探索精神。

知识准备

2021 年 6 月 10 日，十三届全国人大常委会第二十九次会议表决通过了《中华人民共和国印花税法》，已于 2022 年 7 月 1 日起正式施行。按期申报印花税的纳税人如已完成印花税税种信息认定，登录电子税务局后，可以通过【我要办税】—【税费申报及缴纳】—【财产和行为税企业所得税综合申报套餐】功能模块进行印花税的申报工作。申报过程中的关键操作是税源信息采集，其中"财行税通用申报印花税税源信息采集表"的采集、填制和修改是印花税申报的关键。

【实训任务 6-2】

案例 6-2　分析情景导航中 A 市永春恒食品有限公司印花税涉税业务，按照案例 6-1 的分析计算结果，填制"印花税税源信息采集表"。

1. 数据填列说明

（1）应税凭证税务编号：纳税人不需填写。

（2）应税凭证编号：选填。填写纳税人书立的应税合同、产权转移书据或者营业账簿的编号，无编号不填写。

（3）应税凭证名称：必填。填写应税凭证的具体名称。

（4）申报期限类型：必填。填写应税凭证申报期限类型，填写按期申报或者按次申报。

(5) 应税凭证数量：逐份填写应税凭证时填1，合并汇总填写应税凭证时填写合并汇总应税凭证的数量。合并汇总填写应税凭证时，只能合并适用同一税目且内容高度相似的应税凭证。合并汇总填写应税凭证时，对方书立人信息[对方书立人名称、对方书立人纳税人识别号(统一社会信用代码)、对方书立人涉及金额]不需填写。

(6) 税目：必填。可填写项目包括：借款合同、融资租赁合同、买卖合同、承揽合同、建设工程合同、运输合同、技术合同、租赁合同、保管合同、仓储合同、财产保险合同、产权转移书据、营业账簿。

(7) 子目：填写对应税目的征收子目，产权转移书据税目对应的子目必填，其他应税合同税目对应子目选填，其中融资租赁合同、买卖合同、保管合同、仓储合同、财产保险合同、营业账簿不需要填写子目。税目与子目对应关系如下：借款合同：银行业金融机构借款合同、其他金融机构借款合同；承揽合同：加工合同、定作合同、修理合同、复制合同、测试合同、检验合同；建设工程合同：工程勘察合同、工程设计合同、工程施工合同；运输合同：公路货物运输合同、水路货物运输合同、航空货物运输合同、铁路货物运输合同、多式联运合同；技术合同：技术开发合同、技术许可合同、技术咨询合同、技术服务合同；租赁合同：房屋租赁合同、其他租赁合同；产权转移书据：土地使用权出让书据、土地使用权转让书据、房屋等建筑物和构筑物所有权转让书据(不包括土地承包经营权和土地经营权转移)、股权转让书据(不包括应缴纳证券交易印花税的)、商标专用权转让书据、著作权转让书据、专利权转让书据、专有技术使用权转让书据。

(8) 税款所属期起：必填。按期申报的，填写所属期的起始时间，应填写具体的年、月、日。按次申报的，为应税凭证书立日期。

(9) 税款所属期止：必填。按期申报的，填写所属期的终止时间，应填写具体的年、月、日。按次申报的，为应税凭证书立日期。

(10) 应税凭证书立日期：必填。申报借款合同、融资租赁合同、买卖合同、承揽合同、建设工程合同、运输合同、技术合同、租赁合同、保管合同、仓储合同、财产保险合同、产权转移书据、营业账簿等税目的，填写应税凭证书立日期。合并汇总填报应税凭证时，应税凭证书立日期为税款所属期止。

(11) 计税金额：必填。填写应税合同、产权转移书据列明的金额(不包括列明的增值税税款)；填写应税营业账簿中实收资本(股本)和资本公积合计金额。

(12) 实际结算日期：未确定计税金额的应税合同、产权转移书据实际结算时，填写此列(同时填写实际结算金额列)。填写应税合同、产权转移书据实际结算日期。若未确定计税金额的应税合同、产权转移书据多次结算的，可增列(与实际结算金额同时增列)。合并汇总填报时，实际结算日期为税款所属期止。

(13) 实际结算金额：未确定计税金额的应税合同、产权转移书据实际结算时，填写此列(同时填写结算金额)。若未确定计税金额的应税合同、产权转移书据多次结算的，可增列(与实际结算日期同时增列)。合并汇总填报时，实际结算金额为本税款所属期内所有应税合同、产权转移书据实际结算金额的合计。

(14) 税率：必填。按照《中华人民共和国印花税法》规定，填写税目对应的适用税率。

（15）减免性质代码和项目名称：有减免税情况的，必填。按照税务机关最新制发的减免税政策代码表中最细项减免性质代码填写。

（16）对方书立人名称：选填。填写应税合同、产权转移书据所有其他方书立人名称。对方书立人超过 2 人的，可增列[与对方书立人纳税人识别号(统一社会信用代码)、对方书立人涉及金额同时增列]。

（17）对方书立人纳税人识别号(统一社会信用代码)：选填。填写应税合同、产权转移书据所有其他方书立人纳税人识别号(统一社会信用代码)，自然人填写身份证照号码。对方书立人超过 2 人的，可增列(与对方书立人名称、对方书立人涉及金额同时增列)。

（18）对方书立人涉及金额：选填。填写应税合同、产权转移书据其他方书立人涉及的价款或者报酬。对方书立人超过 2 人的，可增列[与对方书立人名称、对方书立人纳税人识别号(统一社会信用代码)同时增列]。

2. 数据填表

印花税税源明细表

纳税人识别号(统一社会信用代码)：500100600034523　　金额单位：人民币元(列至角分)

纳税人(缴费人)名称：A 市永春恒食品有限公司

序号	应税凭证税务编号	应税凭证编号	＊应税凭证名称	＊申报期限类型	应税凭证数量	＊税目	子目	＊税款所属期起	＊税款所属期止	＊应税凭证书立日期	＊计税金额	实际结算日期	实际结算金额	＊税率	减免性质代码和项目名称	对方书立人信息		
																对方书立人名称	对方书立人纳税人识别号（统一社会信用代码）	对方书立人涉及金额
1			草莓、黄桃等采购合同	按期	21	买卖合同		2023.07.01	2023.9.30	2023.9.30	19384547			0.03%				
2			保险合司	按期	1	财产保险合同		2023.07.01	2023.9.30	2023.9.30	24000			0.1%				

任务四　印花税智能申报——一键申报

知识目标	技能目标	素质目标
1. 掌握印花税在线申报的操作步骤； 2. 巩固印花税税源信息表各项目的填制要求。	1. 会在电子税务局新增印花税税源，并准确填写印花税税源明细表； 2. 能完成印花税在线申报。	巩固严谨细致的职业作风，培养规则意识。

【实训任务 6-3】

案例 6-3　以情景导航中 A 市永春恒食品有限公司的涉税业务为例，按照案例 6-1、案例 6-2 的计算、填制结果，完成印花税申报流程。

操作步骤：

第一步，登录电子税务局，点击“我要办税”—“税费申报及缴纳”—“综合申报”—“财产和行为税合并纳税申报”或“我要办税”—“税费申报及缴纳”—“综合申报”—“财产和行为税合并纳税申报(印花税)”模块，进入印花税的“税源采集”页面，如图 6-1 所示。

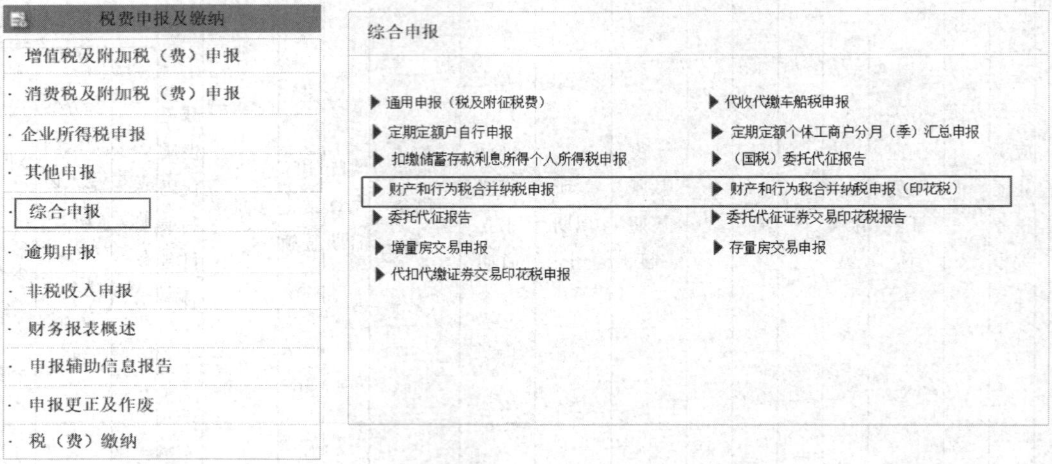

图 6-1

第二步，在【新增(变更)税源】界面，录入“税款所属期起”“税款所属期止”，如果已存在印花税认定信息，会自动加载已经认定的税目，如图 6-2 所示。

新增(变更)税源

*税款所属期起 2023/7/1　　*税款所属期止 2023/9/30

*申报属性 正常申报

金额单位：元(列至角分)

序号	应税凭证税务编号	应税凭证税务编号	应税凭证编号	*应税凭证名称	*申报期限类型	*应税凭证数量	*税目	子目	*税款所属期起	*税款所属期止
1							买卖合同		2023/7/1	2023/9/30
合计	–	–	–	–	–	–	–	–	–	–

图 6-2

第三步，按案例 6-2 的要求填制《印花税税源明细表》如图 6-3 所示，信息填写完毕后，点击“保存”，系统提示确认信息，点击“确定”后提交印花税税源信息。保存成功后系统提示“保存成功”。

税源信息明细						
*应纳税凭证书立日期	*计税金额	实际结算日期	实际结算金额	*税率	*应纳税额	减免性质代码和项目名称
2023/9/30	19384547.00			0.00030	210.00	
2023/9/30	24000.00			0.0010	24.00	
-	-	-	-	-	234.00	-

图 6-3

第四步，纳税申报。点击“我要办税”—“税费申报及缴纳”—“综合申报”—“财产和行为税合并纳税申报”，选择纳税期限，如果纳税人是小规模纳税人、小型微利企业和个体工商户，“本期是否适用小微企业‘六税两费’减征政策”栏勾选“是”，在“减征政策适用主体”栏可以选择“增值税小规模纳税人”和“小型微利企业(增值税一般纳税人)”，按照实际情况选择后可享受减免优惠。勾选申报的印花税税种，勾选需要申报的税源，如图 6-4 所示。

是否存在税源采集	是否完成申报	操作
是	已申报	税源采集　选择未申报税源
否	未申报	税源采集
否	未申报	税源采集
否	未申报	税源采集
否	未申报	税源采集
否	未申报	税源采集
否	未申报	税源采集

图 6-4

点击“下一步”，进入纳税申报表界面，如图 6-5 所示。

纳税人基本信息					
*纳税人识别号	500100600034523	*纳税人名称	A市永春恒食品有限公司	*申报类型	正常申报
*所属年度	2023	*纳税期限	季	*税款属期	7-9月份(7-1至9-30)
*本期是否适用小微企业“六税两费”减征政策	否	减征政策适用主体			
*减征政策起始时间	2023-07-01	*减征政策终止时间	2023-09-30		
*申报日期	2023-09-30	税款所属期间起	2023-07-01	税款所属期间止	2023-09-30

申报表信息						
序号	□	税种	是否存在应申报	是否存在税源采集	是否完成申报	操作
1	☑	印花税	否	是	已部分	税源采集　选择未申报税源
2	□	房产税	否	否	未申报	税源采集
3	□	城镇土地使用税	否	否	未申报	税源采集
4	□	土地增值税	否	否	未申报	税源采集

图 6-5

系统将自动根据已填写的税源信息生成纳税申报表，核对申报信息和优惠信息，确认无误后，点击“申报”按钮，申报结束。

任务五　综合练习——实践运用

一、单选题

1. 根据印花税法律制度的规定，应税营业账簿的计税依据是(　　)。

A. 营业账簿记载的营业外收入金额

B. 营业账簿记载的营业收入金额

C. 营业账簿记载的银行存款金额

D. 营业账簿记载的实收资本(股本)、资本公积合计金额

2. 根据印花税法律制度的规定，下列各项中，应缴纳印花税的是(　　)。

A. 会计咨询合同　　B. 法律咨询合同

C. 审计咨询合同　　D. 技术咨询合同

3. 甲企业和乙银行签订一份借款合同，丙为担保人，丁为证人。则在这一业务中，印花税的纳税义务人为(　　)。

A. 甲　　B. 甲、乙　　C. 甲、乙、丙　　D. 甲、乙、丙、丁

4. 某企业受托研发一项专利技术，合同金额为 1000 万元，按照 10%结算劳务报酬，该企业应缴纳的印花税为(　　)元。

A. 305　　B. 5　　C. 300　　D. 3000

二、多选题

1. 根据印花税法律制度的规定，下列各项中，属于印花税纳税人的有(　　)。

A. 立据人　　B. 各类电子应税凭证的签订人

C. 立合同人　　D. 立账簿人

2. 下列合同，属于印花税征税范围的有(　　)。

A. 人身保险合同　　B. 财产保险合同

C. 买卖合同　　D. 委托代理合同

3. 根据印花税法律制度的规定，下列各项中，属于印花税征收范围的有(　　)。

A. 审计咨询合同　　B. 财产保险合同

C. 技术开发合同　　D. 建设工程分包合同

三、判断题

1. 同一应税凭证载有两个或者两个以上税目事项未分别列明金额的，按税率高的计算应纳印花税税额。(　　)

2. 财产所有权人将财产赠与社会福利机构书立的产权转移书据，免征印花税。(　　)

四、综合题

A 市万家安家居有限责任公司（纳税人识别号 500100600056741）2023 年 7~9 月公司因采购木材，销售各类家具等签订买卖合同 34 份，合同共计金额 45680000 元；签订运输合同 2 份，合同合计金额 58000 元。因借款与 A 市工商银行签订长期借款合同 1 份，合同金额 15000000 元。A 市万家安家居有限责任公司已经在 A 市电子税务局办理了印花税税种认证。请计算确认 A 市万家安家居有限责任公司第三季度应申报的印花税额，并填制印花税税源信息表。

模块二　城市维护建设税及教育费附加的计算与智能申报

任务一　认知城市维护建设税及教育费附加的概念

知识目标	技能目标	素质目标
1. 理解城市维护建设税及教育费附加的概念，明确城市维护建设税和教育费附加的纳税人； 2. 掌握城市维护建设税及教育费附加的税率。	能根据纳税人所在地判断城市维护建设税税率。	理解城市维护建设税征收意义，增强系统观念和大局意识。

一、城市维护建设税及教育费附加的概念

城市维护建设税作为一种附加税，本身没有特定的课税对象，在我国境内缴纳增值税、消费税的单位和个人，为城市维护建设税的纳税人，应当依照《中华人民共和国城市维护建设税法》规定缴纳城市维护建设税。

教育费附加是对缴纳增值税、消费税的单位和个人，就其实际缴纳的税额为计算依据征收的一种附加费。

二、城市维护建设税及教育费附加的税率

城市维护建设税税率如下：

纳税人所在地在市区的，税率为 7%；纳税人所在地在县城、镇的，税率为 5%；纳税人所在地不在市区、县城或者镇的，税率为 1%。

现行教育费附加的征收比率为 3%。

地方教育费附加的征收比例为2%。

小贴士：征收城市维护建设税和教育费附加的重要意义

城市维护建设税专款专用，是城市维护建设、城市公共事业、城市设施维护资金的重要来源，是国家财政收入的重要来源，是城市发展的重要支持。

教育费附加由税务机关负责征收，教育部门统筹安排，财政部门监督管理，专门用于发展教育事业的预算外资金。教育费附加的征收，有利于加快发展地方教育事业，扩大地方教育经费的资金来源。

任务二 城市维护建设税及教育费附加的计算——税费实训

知识目标	技能目标	素质目标
1. 掌握城市维护建设税和教育费附加的计税依据； 2. 掌握城市维护建设税和教育费附加的计算公式。	能正确计算城市维护建设税和教育费附加应纳税额。	巩固严谨细致的职业作风。

知识准备

一、城市维护建设税和教育费附加的计税依据

城市维护建设税和教育费附加均以纳税人依法实际缴纳的增值税、消费税税额为计税依据。依法实际缴纳的增值税、消费税税额，是指纳税人依照增值税、消费税相关法律法规和税收政策规定计算的应当缴纳的增值税、消费税税额（不含因进口货物或境外单位和个人向境内销售劳务、服务、无形资产缴纳的增值税、消费税税额），加上增值税免抵税额，扣除直接减免的两税税额和期末留抵退税退还的增值税税额后的金额。

二、城市维护建设税和教育费附加应纳税额的计算

城市维护建设税应纳税额=（实际缴纳的增值税+消费税税额）×适用税率

教育费附加应纳税额=（实际缴纳的增值税+消费税税额）×3%

地方教育费附加应纳税额=（实际缴纳的增值税+消费税税额）×2%

【实训任务6-4】

案例6-4 A市永春恒食品有限公司10月应缴增值税18771.58元，消费税65643.36元，计算A市永春恒食品有限公司10月应缴城市维护建设税、教育费附加和地方教育费附加。

1. 计算过程

同增值税申报的附加税分别为：
城市维护建设税＝18771.58×7%＝1314.01(元)
教育费附加＝18771.58×3%＝563.15(元)
地方教育费附加＝18771.58×2%＝375.43(元)
同消费税申报的附加税分别为：
城市维护建设税＝65643.36×7%＝4595.04(元)
教育费附加＝65643.36×3%＝1969.3(元)
地方教育费附加＝65643.36×2%＝1312.87(元)

2. 会计处理

借：税金及附加	10129.8
贷：应交税费—应交城市维护建设税	5909.05
应交税费—应交教育费附加	2532.45
应交税费—应交地方教育费附加	1688.3

【拓展实训 6-2】

A 市万家安家居有限责任公司所在地为市区，2023 年 12 月实际缴纳增值税额为 64034 元，消费税 17900 元，计算 A 市万家安家居有限责任公司 12 月应交城市维护建设税、教育费附加和地方教育费附加。

任务三　城市维护建设税及教育费附加纳税申报表的填制——技能填制

知识目标	技能目标	素质目标
1. 掌握城市维护建设税、教育费附加以及地方教育费附加与增值税、消费税合并申报的要求； 2. 掌握纳税申报表中城市维护建设税、教育费附加以及地方教育费附加的填制要求。	能根据填制要求，正确填制申报表中城市维护建设税、教育费附加以及地方教育费附加纳税申报栏目。	1. 强化不断加强学习、提高技能的会计职业道德； 2. 巩固严谨、细致的职业作风。

知识准备

根据国家税务总局《关于增值税消费税与附加税费申报表整合有关事项的公告》(国家税务总局公告 2021 年第 20 号)，自 2021 年 8 月 1 日起，增值税、消费税分别与城市维护建设税、教育费附加、地方教育附加申报表整合，启用《增值税及附加税费申报表(一般纳税人适用)》《增值税及附加税费申报表(小规模纳税人适用)》《增值税及附加税费预缴表》及其附列资料和《消费税及附加税费申报表》。因此城市维护建设税、教育费附加以及地方教育费附加分别同增值税和消费税合并申报，相关报表的填制已经在项目二和项目六进行了系统学习，本项目重点在于加强理解和具体运用。

【实训任务 6-5】

案例 6-5 根据案例 6-4 的计算结果，填列《增值税及附加税费申报表(一般纳税人适用)》第 39 栏、40 栏和 41 栏。填制《消费税及附加税费申报表》第 15 栏、16 栏和 17 栏。

1. 数据填列说明

(1)《增值税及附加税费申报表(一般纳税人适用)》第 39 栏、40 栏和 41 栏填写说明。

第 39 栏“城市维护建设税本期应补(退)税额”：填写纳税人按税法规定应当缴纳的城市维护建设税。本栏“一般项目”列“本月数”=《附列资料(五)》第 1 行第 11 列。

第 40 栏“教育费附加本期应补(退)费额”：填写纳税人按规定应当缴纳的教育费附加。本栏“一般项目”列“本月数”=《附列资料(五)》第 2 行第 11 列。

第 41 栏“地方教育附加本期应补(退)费额”：填写纳税人按规定应当缴纳的地方教育附加。本栏“一般项目”列“本月数”=《附列资料(五)》第 3 行第 11 列。

(2)《消费税及附加税费申报表》第 15 栏、16 栏和 17 栏填写说明。

第 15 栏“城市维护建设税本期应补(退)税额”：填写附表 6《消费税附加税费计算表》“城市维护建设税”对应的“本期应补(退)税(费)额”栏数值。

第 16 栏“教育费附加本期应补(退)费额”：填写附表 6《消费税附加税费计算表》“教育费附加”对应的“本期应补(退)税(费)额”栏数值。

第 17 栏“地方教育附加本期应补(退)费额”：填写附表 6《消费税附加税费计算表》“地方教育费附加”对应的“本期应补(退)税(费)额”栏数值。

2. 数据填表

(1)《增值税及附加税费申报表(一般纳税人适用)》见表 6-1。

表 6-1 增值税及附加税费申报表

(一般纳税人适用)

税款所属期：自 2023 年 10 月 01 日至 2023 年 10 月 31 日　　　填表日期：2023 年 11 月 05 日

金额单位：元至角分

纳税人识别号：500100600034523

<table>
<tr><td colspan="2">纳税人名称：A 市永春恒食品有限公司</td><td>法定代表人姓名：</td><td></td><td>注册地址：</td><td></td><td>生产经营地址：</td><td colspan="2"></td></tr>
<tr><td>开户银行和账号</td><td colspan="2"></td><td>登记注册类型</td><td></td><td colspan="2">电话号码</td><td colspan="2"></td></tr>
<tr><td colspan="2" rowspan="2">项目</td><td rowspan="2">栏次</td><td colspan="2">一般项目</td><td colspan="2">即征即退项目</td></tr>
<tr><td>本月数</td><td>本年累计</td><td>本月数</td><td>本年累计</td></tr>
<tr><td rowspan="2">销售额</td><td>(一)按适用税率计算销售额</td><td>1</td><td>226126.12</td><td></td><td></td><td></td></tr>
<tr><td>其中：应税货物销售额</td><td>2</td><td>226126.12</td><td></td><td></td><td></td></tr>
</table>

续表

销售额	应税劳务销售额	3				
	纳税检查调整的销售额	4				
	(二)按简易办法计税销售额	5				
	其中：纳税检查调整的销售额	6				
	(三)免、抵、退办法出口销售额	7				
	(四)免税销售额	8				
	其中：免税货物销售额	9				
	免税劳务销售额	10				
税款计算	销项税额	11	29396.78			
	进项税额	12	10846.2			
	上期留抵税额	13				
	进项税额转出	14	221.00			
	免、抵、退应退税额	15				
	按适用税率计算的纳税检查应补缴税额	16				
	应抵扣税额合计	17=12+13-14-15+16	10625.2			
	实际抵扣税额	18(如17，<11，则为17，否则为11)	10625.2			
	应纳税额	19=11-18	18771.58			
	期末留抵税额	20=17-18				
	简易计税办法计算的应纳税额	21				
	按简易计税办法计算的纳税检查应补缴税额	22				
	应纳税额减征额	23				
	应纳税额合计	24=19+21-23	18771.58			
税款缴纳	期初未缴税额(多缴为负数)	25				
	实收出口开具专用缴款书退税额	26				
	本期已缴税额	27=28+29+30+31				
	分次预缴税额	28				
	出口开具专用缴款书预缴税额	29				
	本期缴纳上期应纳税额	30				
	本期缴纳欠缴税额	31				
	期末未缴税额(多缴为负数)	32=24+25+26-27				
	其中：欠缴税额(≥0)	33=25+26-27				
	本期应补(退)税额	34=24-28-29	18771.58			
	即征即退实际退税额	35				
	期初未缴查补税额	36				

续表

税款缴纳	本期入库查补税额	37				
	期末未缴查补税额	38=16+22+36-37				
附加税费	城市维护建设税本期应补(退)税额	39	1314.01			
	教育费附加本期应补(退)费额	40	563.15			
	地方教育费附加本期应补(退)费额	41	375.43			

声明：此表是根据国家税收法律法规及相关规定填写的，本人(单位)对填报内容及附带资料的真实性、可靠性、完整性负责。

纳税人(签章)：

受理税务机关(章)：　　受理人：　　受理期：

(2)《消费税及附加税费申报表》见表6-2。

表6-2　消费税及附加税费申报表

税款所属期：自2023年10月1日至2023年10月31日

纳税人识别号(统一社会信用代码)：500100600034523

纳税人名称：A市永春恒食品有限公司　　金额单位：人民币元(列至角分)

项目 应税消费品名称	适用税率		计量单位	本期销售数量	本期销售额	本期应纳税额
	定额税率	比例税率				
	1	2	3	4	5	6=1×4+2×5
葡萄酒	—	10%	吨	3.5	168336.28	16833.63
甲类啤酒	250	—	吨	35	166750	8750
白酒	0.5元/500毫升	20%	500毫升	3500	191548.67	40059.73
合计						65643.36

	栏次	本期税费额
本期减(免)税额	7	
期初留抵税额	8	
本期准予扣除税额	9	
本期应扣除税额	10=8+9	
本期实际扣除税额	11[10<(6-7)，则为10，否则为6-7]	
期末留抵税额	12=10-11	
本期预缴税额	13	
本期应补(退)税额	14=6-7-11-13	65643.36
城市维护建设税本期应补(退)税额	15	4595.04
教育费附加本期应补(退)费额	16	1969.3
地方教育附加本期应补(退)费额	17	1312.87

声明：此表是根据国家税收法律法规及相关规定填写的，本人（单位）对填报内容（及附带资料）的真实性、可靠性、完整性负责。 纳税人（签章）：　　年　月　日	
经办人： 经办人身份证号：代理机构签章： 代理机构统一社会信用代码：	受理人： 受理税务机关（章）： 受理日期：　　年　月　日

任务四　城市维护建设税及教育费附加智能申报——一键申报

知识目标	技能目标	素质目标
1. 巩固增值税及附加税、消费税及附加税的申报要求和流程； 2. 巩固增值税及附加税、消费税及附加税纳税申报主表及其附表之间的数据勾稽关系。	1. 能正确填制增值税及附加税、消费税及附加税纳税申报主表及其附表； 2. 能熟练完成城市维护建设税、教育费附加、地方教育费附加与增值税、消费税的合并申报。	1. 融会贯通，熏陶系统性思维，学会举一反三，巩固规则意识； 2. 提升操作的精准度，巩固严谨细致的作业作风。

【实训任务 6-6】

案例 6-6　根据案例 6-4、案例 6-5 的计算结果，完成申报流程。

1.《增值税及附加税费申报表（一般纳税人适用）》操作步骤

第一步，登录电子税务局，点击“我要办税”—“税费申报”—“增值税及附加税（费）申报（一般纳税人适用）”，选择“填表申报”进入纳税申报表。

第二步，按增值税申报流程依次填列相关附表，其中《增值税及附加税费申报表附列资料（五）》（附加税费情况表）是申报的关键。如图 6-6 所示。

第三步，选择主表，自动获取附加税数据，重新保存，点击申报。

2.《消费税及附加税费申报表》操作步骤

第一步，登录电子税务局，点击“我要办税”—“税费申报”—“增值税及附加税（费）申报（一般纳税人适用）”，选择“填表申报”进入纳税申报表。

第二步，填制纳税申报表。

（1）选择“消费税及附加税费申报表”（主表），根据案例信息完成税目、税率、销售数量、销售额的填制，本期应纳税额等数据自动计算，填表完毕后点击“保存”。

（2）选择“附加税费申报表”，主表保存后附加税申报表将自动获取数据，如图6-7所示。

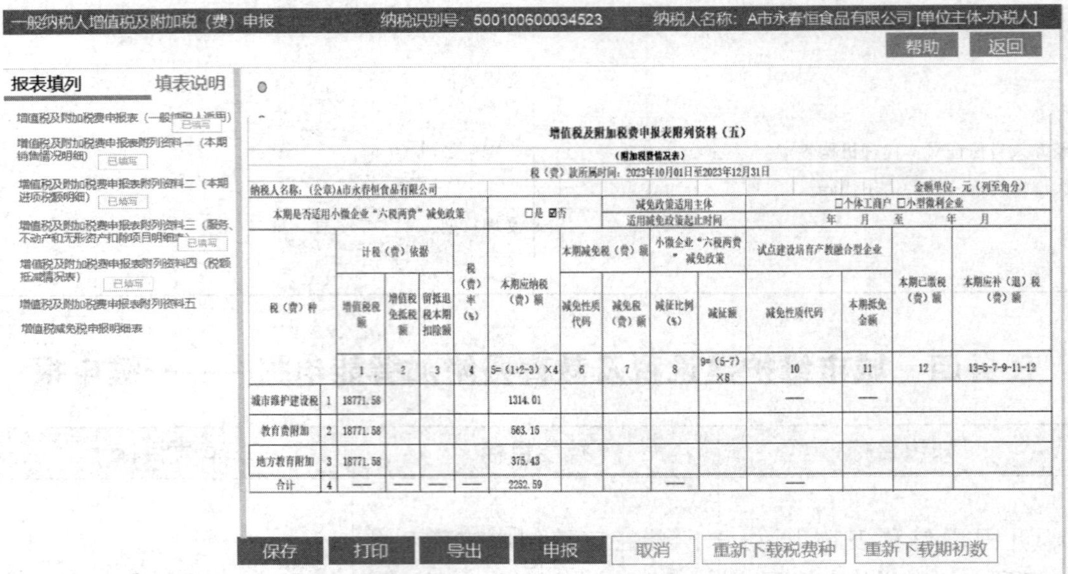

增值税及附加税费申报表附列资料（五）

（附加税费情况表）

税（费）款所属时间：2023年10月01日至2023年12月31日

纳税人名称：（公章）A市永春恒食品有限公司　　金额单位：元（列至角分）

本期是否适用小微企业“六税两费”减免政策	□是 ☑否	减免政策适用主体	□个体工商户 □小型微利企业
		适用减免政策起止时间	年 月 至 年 月

税（费）种		计税（费）依据			税（费）率（%）	本期应纳税（费）额	本期减免税（费）额		小微企业“六税两费”减免政策		试点建设培育产教融合型企业		本期已缴税（费）额	本期应补（退）税（费）额
		增值税税额	增值税免抵税额	留抵退税本期扣除额			减免性质代码	减免税（费）额	减征比例（%）	减征额	减免性质代码	本期抵免金额		
		1	2	3	4	5=（1+2-3）×4	6	7	8	9=（5-7）×8	10	11	12	13=5-7-9-11-12
城市维护建设税	1	18771.58				1314.01					—	—		
教育费附加	2	18771.58				563.15								
地方教育附加	3	18771.58				375.43								
合计	4	—	—	—	—	2252.59			—		—			

图6-6

消费税附加税费计算表

金额单位：元（列至角分）

税（费）种	计税（费）依据	税（费）率（%）	本期应纳税（费）额	本期减免税（费）额		本期是否适用增值税小规模纳税人“六税两费”减征政策		本期已缴税（费）额	本期应补（退）税（费）额
						□是 ☑否			
	消费税税额			减免性质代码	减免税（费）额	减征比例（%）	减征额		
	1	2	3=1×2	4	5	6	7=（3-5）×6	8	9=3-5-7-8
城市维护建设税（市区）	65643.36	0.07	4595.04						4595.04
教育费附加	65643.36	0.03	1969.30						1969.30
地方教育附加	65643.36	0.02	1312.87						1312.87
合计			7877.21						7877.21

图6-7

任务五　综合练习——实践运用

一、单选题

1. A 公司为增值税一般纳税人，2021 年 3 月进口货物实际缴纳关税 50 万元、增值税 80 万元、消费税 20 万元，境内销售货物实际缴纳增值税 100 万元。已知，城市维护建设税税率为 7%。A 公司当月应缴纳城市维护建设税税额为(　　)万元。

A. 14　　B. 12. 6　　C. 7　　D. 1. 4

2. 下列属于城市维护建设税计税依据的是(　　)。

A. 进口环节缴纳的增值税

B. 进口环节缴纳的关税

C. 进口环节缴纳的消费税

D. 国内销售环节实际缴纳的增值税、消费税

3. 甲公司为增值税一般纳税人，2021 年 10 月甲公司应向税务机关缴纳增值税 100 万元，实际缴纳增值税 80 万元；应向税务机关缴纳消费税 50 万元，实际缴纳消费税 50 万元。已知，教育费附加征收比率为 3%。甲公司当月应缴纳教育费附加为(　　)万元。

A. 3. 9　　B. 2. 4　　C. 4. 5　　D. 3

4. 某市甲企业 12 月份进口货物，向海关缴纳增值税 10 万元、消费税 6 万元；向当地主管税务机关实际缴纳增值税 65 万元、企业所得税 20 万元、房产税 10 万元。甲企业当月应缴纳城建税、教育费附加和地方教育附加(　　)万元。

A. 6. 5　　B. 7. 8　　C. 8. 1　　D. 9. 1

二、多选题

1. 某生产企业(小规模纳税人)生产销售柴油，某季度取得的销售收入应缴纳的税费有(　　)。

A. 增值税　　B. 消费税　　C. 城建税　　D. 教育费附加

2. 下列关于城建税、教育费附加和地方教育附加的说法中，正确的有(　　)。

A. 城建税有三档地区差别比例税率，分别为 7%、5%、3%

B. 教育费附加和地方教育附加的征收率相同，均为 3%

C. 撤县建市后，城建税税率适用 7%

D. 流动经营无固定纳税地点的单位和个人，在经营地缴纳两税的，其城建税的缴纳按经营地适用税率执行

3. 下列关于教育费附加的表述中，正确的有(　　)。

A. 外商投资企业不需计算缴纳教育费附加

B. 国家重大水利工程建设基金免征教育费附加

C. 对海关进口的产品征收增值税，同时征收教育费附加

D. 对出口产品退还增值税、消费税的，不退还已征的教育费附加

4. 某县城一家食品加工企业，为增值税小规模纳税人按月缴纳增值税，4 月购进货物取得普通发票的金额合计 50000 元，销售货物开具普通发票销售额合计 100000 元，出租小汽车取得不含税收入 10000 元。下列选项中表述正确的有(　　)。(不考虑税收优惠政策)

A. 应纳城建税 54. 13 元　　B. 应纳城建税 160. 63 元

C. 应纳教育费附加 95. 77 元　　D. 应纳教育费附加 96. 38 元

E. 不需要缴纳城建税和教育费附加

三、判断题

1. 纳税人违反增值税、消费税有关税法规定加收的滞纳金作为城市维护建设税的计税依据。(　　)

2. 纳税人只有同时缴纳增值税和消费税的，才需要缴纳城建税、教育费附加。(　　)

3. 直接减免增值税、消费税的，同时减免城建税和教育费附加。(　　)

4. 城市维护建设税纳税义务发生时间为实际缴纳增值税、消费税的次日。(　　)

四、综合题

A 市西城食品加工有限公司主要从事各类啤酒、白酒、葡萄酒的生产、销售。公司位于 A 市西部科学城，公司纳税识别号为 500100600089675。2023 年 10 月认证可抵扣增值税进项税额为 98045. 78 元，当期销项税额 234907. 89 元，上期留抵税额 7800 元。当期销售葡萄酒 6. 5 吨，啤酒 22 吨(售价 4500 元/吨)。

请根据上述资料，填制计算当期应缴纳的城市维护建设税、教育费附加以及地方教育费附加，并填制纳税申报表。

模块三　关税的认知与计算

任务一　认知关税的概念

知识目标	技能目标	素质目标
1. 掌握关税的概念和纳税人； 2. 掌握关税的课税对象；了解关税税率分类。	能根据征税对象正确区分进口关税和出口关税。	增强维护国家主权和经济利益的意识。

一、关税的概念及纳税人

关税是以进出境的货物和物品为课税对象而征收的一种税。

进口货物的收货人、出口货物的发货人、进境物品的所有人，是关税的纳税义务人。

关税按征税对象分为进口关税和出口关税，目前我们国家仅对少数资源性产品以及易于竞相杀价、盲目出口、需要规范出口秩序的半成品和制成品征收出口关税。

二、关税的征税范围及税率

关税的课税对象是进出境的货物、物品，凡准许进出口的货物，除国家另有规定的以外，均应由海关征收进口关税或出口关税。对从境外采购进口的原产于中国境内的货物，也应按规定征收进口关税。

关税的税目、税率都由《海关进出口税则》规定。主要包括三部分：归类总规则、进口税率表、出口税率表。

按征税性质关税税率分为最惠国税率、协定税率、特惠税率、普通税率、关税配额税率等。

最惠国税率，是指根据最惠国待遇条款而适用的税率。原产于共同适用最惠国待遇条款的世界贸易组织成员的进口货物，原产于与中华人民共和国签订含有相互给予最惠国待遇条款的双边贸易协定的国家或者地区的进口货物，以及原产于中华人民共和国境内的进口货物，适用最惠国税率。

协定税率，是指按照签署的贸易协定或优惠贸易安排实行的关税税率。原产于与中华人民共和国签订含有关税优惠条款的区域性贸易协定的国家或者地区的进口货物，适用协定税率。

特惠税率，是指为给予最不发达国家的特定优惠关税待遇而适用的税率。原产于与中华人民共和国签订含有特殊关税优惠条款的贸易协定的国家或者地区的进口货物，适用特惠税率。

普通税率，是指对原产地不明的进口货物，以及不属于适用最惠国税率、协定税率、特惠税率的国家或地区的进口货物适用的税率。

关税配额税率，是实行关税配额管理的进口货物适用的税率，即在一定时期内，关税配额以内的进口货物按关税配额税率征收关税，超过配额的进口货物则按其他适用的税率征收关税。

此外，国家还对部分进出口货物在一定期限内实行一种临时性进出口关税税率，称为暂定税率，与暂定税率相对的是长期执行的关税关税，一般为最惠国税率。

任务二　关税的计算——税费实训

知识目标	技能目标	素质目标
1. 了解关税的计税依据，掌握关税完税价格的组成内容。 2. 掌握关税的计算公式。	1. 能正确判断、计算进出口货物的关税完税价格； 2. 能准确计算进口货物的关税税额。	提升严谨、细致的职业作风。

知识准备

一、关税计税依据

我国对进出口货物征收关税，主要采取从价计征的办法，因此关税主要以进出口货物的完税价格为计税依据。

一般进口货物的关税完税价格包括由海关以符合相关规定所列条件的成交价格、该货物运抵中华人民共和国境内输入地点起卸前的运输及其相关费用、保险费。

正常情况下，进口货物以成交价格为基础进行调整，从而确定进口货物的完税价格。进口货物的成交价格，是指卖方向我国境内销售该货物时买方为进口该货物向卖方实付、应付的，并且按照《完税价格办法》有关规定调整后的价款总额，包括直接支付的价款和间接支付的价款。

对于进口货物的成交价格不符合规定条件或成交价格不能确定，在客观上无法采用货物的实际成交价格时，如易货贸易、寄售、捐赠、赠送等不存在成交价格的进口货物，海关与纳税义务人进行价格磋商后，审查确定该货物的完税价格。

出口货物的完税价格包括：货物的货价；货物运至中华人民共和国境内输出地点装载前的运输及相关费用；保险费。如果在其中包含了出口关税税额的，则应当予以扣除。

当出口货物的离岸价格不能确定时，关税的完税价格由海关估定。

二、关税应纳税额的计算

关税按征税方式分为从价税、从量税、复合税、滑准税、选择税等。

从价税，是以货物的完税价格作为计税依据而课征的关税。从价税的税率表现为货物价格的百分比数值。

从价税的计算公式为：

从价税税额＝进口货物总值（完税价格）×从价税率

从量税，是以货物的计量单位（如重量、数量、长度、容量、面积等）作为计税依据而课征的关税。其中，重量单位是最常用的从量税计量单位。

从量税的计算公式为：

从量税税额＝货物计量单位数×从量税率

复合税，是对同一税目的货物同时使用从量和从价两种计税标准而课征的关税。复合税按从量、从价的主次不同又可分为两种情况：一种是以从量税为主加征从价税，即在对每单位进口商品征税的基础上，再按其价格加征一定比例的从价税。另一种是以从价税为主加征从量税，即在按进口商品的价格征税的基础上，再按其数量单位加征一定数额的从量税。

复合税计算公式为：

复合税税额＝应税进（出）口货物数量×单位货物税额+应税进（出）口货物数量×单位完税价格×税率

滑准税，是指关税的税率随着进口货物价格的变动而反方向变动的一种税率形式，即价格越高，税率越低。我国对关税配额外进口一定数量的棉花实行滑准税。

选择税，是对同一税目的货物同时订有从量和从价两种税率，征税时由海关选择其中一种征税，作为该种货物的应税关税额。

【实训任务 6-7】

案例 6-7 以情景导航中的 A 市永春恒食品有限公司业务为例。2023 年 10 月 9 日，A 市永春恒食品有限公司从新西兰进口的一批草莓到达 A 市空港进境水果指定口岸，该批草莓的成交价格为 20000 元，发生运输费 4500 元，保险费 2000 元，关税税率为 14%，计算该批草莓应缴关税税额。根据关税计算公式，本案例首先应计算该批草莓的关税完税价格，再计算应纳关税税额。

1. 计算过程

关税完税价格 = 20000+4500+2000 = 26500(元) 关税税额 = 26500×14% = 3710(元)

2. 会计处理

根据小企业会计准则关于外购存货成本的规定，A 市永春恒食品有限公司进口草莓的关税应计入草莓的成本，根据案例计算可得分录如下：

借：原材料-草莓	30210	
应交税费—应交增值税(进项税额)	2385	
贷：银行存款		2595

【拓展实训 6-3】

2023 年 12 月 9 日，A 市万家安家居有限责任公司由巴西进口的一批木材，该批木材的成交价格为 400000 元，发生运输费 56000 元，保险费 34000 元，关税税率 8%。

要求：(1) 计算确认 A 市万家安家居有限责任公司进口木厂的关税完税价格。

(2) 计算确认 A 市万家安家居有限责任公司进口木厂应缴纳的关税。

知识链接：关税的申报

进口货物的纳税义务人应当自运输工具申报进境之日起 14 日内，出口货物的纳税义务人除海关特准外，应当在货物运抵海关监管区后、装货的 24 小时以前，向货物的进出境地海关申报。进出口货物转关运输的，按照海关总署的规定执行。进口货物到达前，纳税义务人经海关核准可以先行申报。经纳税人申请且海关同意批准的，也可以在设有海关指运地(启运地)办理海关手续。

纳税人申报时应提交报关单和其他有关单证，由海关根据税则归类和完税价格计算应缴纳的关税和进口环节代征税，并填发税款缴款书。海关接受进出口货物申报后将对相关单证资料和货物进行核查，核查无误将填发税款缴款书，纳税人应当自海关填发税款缴款书之日起 15 日内向指定银行缴纳关税税款。

由于报关手续繁多，流程复杂，许多企业都交由专业的中介机构代理报关，现阶段我们主要掌握关税的计算和会计处理，同学们在专科或本科阶段也将学习相应的课程。

任务三　综合练习——实践运用

一、单选题

1. 某进出口公司 2018 年 2 月邮运进口一批货物，海关审定的进口货物成交价格为 10 万元，发生邮费 3 万元。已知该进口货物适用的关税税率为 20%，则该进出口公司邮运进口该批货物应缴纳关税(　　)万元。

A. 2　　B. 2. 01　　C. 2. 5　　D. 2. 6

2. 下列不属于关税的征税对象的是(　　)。

A. 出境的贸易性商品

B. 入境的旅客随身携带的行李物品

C. 境内个人之间转让的位于境外的不动产

D. 在海关放行前损失的货物

3. 某贸易公司进口一批货物，合同中约定成交价格为 600 万元，支付境内特许销售权费用 10 万元，卖方佣金 5 万元。该批货物运抵境内输入地点起卸前发生的运费和保险费共计 8 万元，该货物关税完税价格为(　　)万元。

A. 615　　B. 613　　C. 623　　D. 610

4. 原产于我国参加的含有关税优惠条款的区域性贸易协定有关缔约方的进口货物适用的税率是(　　)。

A. 最惠国税率　　B. 协定税率　　C. 特惠税率　　D. 普通税率

二、多选题

1. 下列属于关税纳税义务人的是(　　)。

A. 进口货物的收货人　　B. 出口货物的发货人

C. 邮递出口物品的寄件人　　D. 邮递进境物品的发件人

2. 下列对于关税的理解，正确的是(　　)。

A. 关税是一种税收形式　　B. 关税对于无形的货品也征税

C. 征税主体是国家　　D. 关税是由海关征收

3. 下列关于关税的说法中，正确的有(　　)

A. 关税对无形物品不征税　　B. 优惠关税主要适用于进口关税

C. 关税是单一环节的价外税　　D. 目前没有国家征收出口关税

E. 关税的征税对象是进出境的货物和物品

三、判断题

1. 关税是单一环节的价外税。(　　)

2. 关税只对无形的货品征收，对有形的货品不征收。(　　)